斗数玄空系列·紫微斗数

紫微斗数讲义

星曜性质

陆斌兆◎著　王亭之◎注释

復旦大學出版社

目录

序

一

紫微斗数是我国传统的推命术，发端于唐代，宋代时开始盛行，至明代发挥至极致。“中州学派”即于宋代得到了这门术数的传授，从而成为本门的绝学。在此以前，“中州学派”则仅得玄空风水的传承，来源可以推到晋代的郭璞。

“中州学派”在术数方面有一个特点，完全反对宿命与迷信，在玄空风水方面，可以说，是对环境学的应用，所以对于紫微斗数，亦仅视为人生际遇起落的变化，在一关键时刻，应进应退，若进则前景如何，若退又有如何际遇，如是即可供选择。由是命运即与宿命无关，因为人可以由选择进退而改善自己的人生。这样，紫微斗数就被“中州学派”提高到学术的层次，完全与江湖无关。所以“中州学派”由明代起，即强调一师一徒，而且并不鼓励以术数谋生。

二

二十世纪五十年代，紫微斗数名家陆斌兆先生来港，曾公开为人推算命造，名噪一时。后来又设班教授，从游者虽不多，但却无江湖术士。

这本《紫微斗数讲义》，即是当时开班所用的教材，以油印形式面世，亦从未公开发行，因此传世不多。

正因为这个缘故，所以有些人偶得此本，便自诩为“秘笈”。又由于陆氏的师承源自钦天监的官吏，因此这本讲义又给吹嘘为“钦天监秘笈”。这种吹嘘，十分缺乏历史常识，连钦天监的工作性质都本末倒置，可谓不值识者一哂。实际上，陆氏本人倒并未自诩，而且亦极力反对“怀宝自秘”，并主张有学识的人应该对这门古老术数展开研究，不可让其沦为江湖术士的“秘术”。在本讲义中，再三致意，读者可由此体会到他撰写本讲义的精神与目的，这种精神，正与“中州学派”合拍。

王亭之于七十年代初年，蒙先师刘惠苍教授紫微斗数。刘师之学与陆斌兆先生同源，但互有开阖。当日初拜师门，先师即将陆先生这本讲义交付，嘱自行研读，读毕，始听先师讲授。所讲为“中州学派”的“紫微星诀”。于讲授时，提出许多与陆斌兆先生不同的意见。

然而个别意见的差歧，分别并不大，重要的分别在于各自的系统。

陆斌兆先生以“讯号”为主，所以在这本讲义中，便多独特的推断，为各家坊本所无。兹举两例以见一斑：

天梁在巳宫守命，每多任秘密任务，如会擎羊、天刑、陀罗者，于酉年或丑年再会流煞，必主有突然灾祸，九死一生，但终化灾成祥。

破军在疾病宫，与武曲同度，主牙痛、脱牙。

这些“讯号”，其征验性非常之高，难怪许多得到这本讲义的人，便视之如同绝大的秘密，不愿公开。他们却不知道紫微斗数的重要性质，其实并不在于这些“讯号”，而是整体性与逻辑性。

先师所传，对整体性与逻辑性便非常之重视，因为“紫微星诀”即以整体及逻辑为基础，打破十二宫的界限来推断。王亭之于“注释”这本讲义时，即注意及加强逻辑与整体的意义。但“中州学派”推算斗数，须将十二宫打破，作通盘推断，现在限于讲义的体例，却不能这样做。

王亭之学毕紫微斗数，并未以此炫耀，只业余独力研究。将古传的斗数加以现代化，容易配合为现代人推算，在这期间，得到许多友人帮助，提供特例，让王亭之研究他的命造。所以，就可以将古传的紫微斗数，建立成一个适合现代的完整系统。例如视为极秘密的“紫微星诀”，就可以融入系统之内。

一九八四年，由于偶然的机会，被传媒宣扬，并且应约发表了一点有关的文字，“中州学派”术数然后才为世人所知，可是旋即惹起诽谤，是非丛生。他们将斗数视为术数，视为宿命，与“中州学派”的观点恰恰相反，难免就成敌对。尤其是拥有陆斌兆讲义的人，更将王亭之视为仇敌，怕王亭之公开斗数的秘密。

王亭之不认为斗数之学应该守秘，本讲义作者陆斌兆亦极力责斥守秘，何以自命为陆氏裔传的晚辈，竟认为非守秘不可呢？王亭之很不明白其居心用意。而且，压力愈大，反抗力亦应愈大，所以王亭之才决定将这本讲义“注释”出版。希望有助于读者研究。

三

陆斌兆先生的讲义，原分两部分，第一部分为安星法，这安星法跟王亭之所得的传授略有不同，因此另撰《安星法与推断实例》一书来代替，仅注释了讲义的第二部分。

注释工作，主要是将一些推断加以系统化，使眉目更加清楚，同时易于掌握星系组合的特性，从而开展进一步的研究。这方面为原讲义之所无，这样一来，读者于推断时就不会沉迷于个别“讯号”之中，而忘记了整体的观察以及逻辑的推理。

与此同时，王亭之亦在注释中增加了一些“讯号”。这些“讯号”或是师传，或属征验后的发现，并加上了本人将斗数现代化时之所得。

所以王亭之的“注释”工作并不轻松，与贩抄陆氏原文据为己有者不同。虽然不敢说此项“注释”更能令陆氏的讲义生色，但至少能对读者起导读的作用。

王亭之跟陆斌兆先生一样,不愿意这门古老的学术变成迷雾,变成宿命的定论,变成江湖生财的工具,所以希望读者能对这门术数加以征验及研究,使之更能配合现代社会,成为人生趋避的参考,以及能解决一些社会问题,例如关于弱能儿童的研究,便可以指导父母,不可在哪一年生育。倘能用正确的态度对待紫微斗数,则这门学术必能放出异彩,甚至可以引起科学研究的兴趣。

能够得到这种效果,则王亭之虽因此而招惹是非口舌,造谣诽谤,亦觉值得。最后要强调一句,希望读者不可将“中州学派”的紫微斗数视为江湖术数,应该正确地由学术观点来研究这门古代传下来的学术,否则,便辜负了“中州学派”历代祖师一师传一徒的苦心。

一九八六年夏初稿于濠江客次

二〇一〇年修订于加拿大多伦多

注释凡例

（一）原讲义所述，主要为“十四正曜入十二宫的基本性质”。对于“安星法”，原讲义未介绍“中州学派”的“安星掌诀”，稍有缺陷，同时其安星法与“中州学派”所传有略微不同，而与目前流行各派大异，本书仅注释其十四正曜部分。

（二）分天、地、人盘，是“中州学派”推算斗数的特色。但原作者实际上以“流盘”来代替人盘，对地盘、人盘的用法亦未和盘托出，于注释时已加以详细说明。

（三）本书最大的特色，是重视“征验讯号”。如哪一些星曜相会，便会发生火灾；哪一些星曜相会，主人会移动床铺之类。知道这些“征验讯号”，于推算时可以令人拍案惊奇。但对于理论，本书则颇为欠缺，已于注释时尽量加入。

（四）于注释时，亦同时加入一些未为本书所载的“征验讯号”，即所谓“中州学派秘传”。同时亦加入部分为注释者发现的“征验讯号”，并已一一分别注明。

（五）“中州学派”另有“紫微星诀”。本书内容对此完全未有涉及，限于体例，亦难将“星诀”补入。关于这“星诀”，已在《中州学派紫微斗数高级讲义》中阐述。所以本书的内容，尚非斗数的秘诀，仅供入门者参考，希读者志之。

紫微斗数概述

紫微斗数是什么?

紫微斗数是混合天文学、地理学、数学、统计学及合乎逻辑的论理学,再参合普通的常识和长时期的体验而成的一种学问。当初发明的人,是将天上南斗星群、北斗星群、紫微垣群星及其他的杂星,来象征人的一生遭遇。就是将所生当年月日时,群星的方位躔度排列出来,研究它们相互间的感应。

(注)对于紫微斗数推断禄命,其根据是用"实星"还是"虚星",是一个很值得讨论的问题。陆斌兆先生主"实星"之说,唯与他同时在香港弘扬斗数的北派高手张开卷先生以及王亭之的师说,则皆主"虚星"。

主实星说者,认为斗数命盘中的星曜排列,可以反映人于出生时的天象;而主虚星说者则认为斗数星曜之名,仅如代数中的XYZ,只是一系列的符号,而星曜组合的性质,则有如代数方程之公式。

主实星说的理由,是古代流传此说。如《太微赋》云:"至如星之分野,各有所属……其星分布一十二垣,数定乎三十六位。"《星垣论》说:"是以南北二斗,集而成数,为万物之灵。"皆论斗数所用为实星。

至于由西域传来的印度星法，定北斗七星为贪狼、巨门、禄存、文曲、廉贞、武曲、破军，亦恰为斗数七曜之名，相当于汉土北斗七星之天枢、天璇、天玑、天权、玉衡、开阳、摇光。此种发现，亦堪为“实星说”作佐证。

唯主虚星说者，则亦可举出有力的证据。

第一，斗数的前身为“十八飞星”，以紫微为主星，辅以天禄、天福、文昌、天贯、天库、红鸾、天空、天寿、天印、天贵、天虚、天杖、天异、旄头、天刃、天姚、天刑、天哭等十八星，此等星曜多属虚星，其中部分且多为斗数所采用或发展（如天库即天府，天印即天相，详见王亭之著《紫微斗数古学拾零》一书）。由是推定，斗数虽采西域北斗七星之名，但实未全用实星之名也。

第二，斗数既承袭“十八飞星”，故仍以紫微为北斗星主，连同贪巨禄文廉武破七星，北斗便有八星，其意盖乃以紫微居中，配合天象的“紫微垣”，而南北斗则随紫微运转。这种构想可以成立，不过不合“推步”（天星入宫过度的实际情况）。至少跟西域的北斗七星以文曲居中的推步不同。故可知虽部分采实星之名，而其实仍属“虚星”也。

陆斌兆先生虽基本上主实星之说，但却认为并非纯据星象来推断禄命。这种见地，非常之科学。无论如何，斗数的最大特色即在于“征验”，所以后人才可以将前人经“征验”而订定下来的一些推断法则修订补充。

所谓“征验”，可以说是统计学；另一方面，则是合乎社会文化背景的推理。必须如此认识斗数，才能摆脱宿命论，认识到斗数之精华所在也。

这种方法在客观方面可能让人怀疑，这远在天边的星曜离开地球几千万里，对一个人的一生，真是风马牛毫不相关，如何会反应到人一生的吉凶、祸福呢？其实人的一生就生长在环境中，任何一方面的因素，都能影响人生的前途。一个人就像一粒种子，无论直接或间接的关系，都能使这种子在生长的过程中发生变化。譬如说，现在有两粒花的种子，以同样的灌水方法和用同样的肥料来培植，可是一粒种在阳光之下，一粒种在不见阳光的地方。它们的结果，无疑的，在阳光之下的花籽发育完全，色鲜花艳，而另一粒花籽，必然萎而不振，生气全无。这就是远离地球约一亿五千万公里外的太阳照射的因素所造成的反应。又如近代天文学家常说，地球面上的骚扰，或者特别明显的极光，都是受到太阳上一大群黑子产生时所引起，或者是其他星球的感应所影响。可是他们没有将星球及黑子为什么会影响到亿万公里外的地球上的原因解说出来。在我们中国，千多年前的先知先觉、大哲学家、天文数理家却早意会到，天空中不单是太阳和月亮，就是南北斗紫微垣群星及其他杂星，都能使地球上的人们，在初生落地的一刹那，因了当时各星曜在天空中运转的方位或宫度不同所产生的因素，感应了该人一生不平凡的前途。根据这个出发点，再参进古老相传的体验，更经过有心人的详细记录和统计，然后方有这个有系统有论断的紫微斗数。

(注) 陆先生在此处强调天星对人类初生时一刹那的感应，这亦是一个可以研究的问题。若以“实星说”为基础来谈斗数，当然非主“感应说”不可，但若敢于怀疑“实星说”(更不必说主张“虚星说”的人了)，则不必一定要认为“感应”可决定人类的先天运势。

关于此点，最持平的态度是，可以肯定天星的“感应”，但这“感应”却并非全部，因为决定人类先天运势的因素，除“感应”之外，仍应注意到地域与遗传。

古人论命，强调“分野”；明代人的斗数推命，重视“地盘”，这即是对人之出生地域的重视。

所以最适当的态度，仍然在于“征验”，不必太分神于感应或非感应的争辩。因为“感应说”即使完全成立，但如何说出感应的性质，则仍须靠征验也。

譬如近代医学上检查身体的X光，当一张X光片摄妥后，经过有经验的医师详细观察，发现照片上有黑点，或模糊的地方，医师就可以断定病人生的是什么病症，并且已到了什么阶段。在最初发明的时候，也决不能仅仅凭了一点模糊不清的反应，便确切断定他的病症和详细的阶段。这就需要无数专家的临床实验和统计报告，方能在今日，只要看到照片，依照过去的报告记录，便能断定是何种病症，还知道到了何种程度。

回过来说，紫微斗数，也就是依靠了前人准确有效的统计记录，到今日方能在一个盘图中，看到任何星曜在任何一宫，就能断定该人所将发生的是何变故。所以紫微斗数最重要的是所读到的统计记录是否准确，若是准确的话，当然对于一个命运的判断，说得头头是道，每言必中了；如其所读的记录根本不准确，那么应用起来，真是指东说西，不知所云了。在普通一般人的意识中，这种准确的统计记录，就是所谓"秘诀"，或者就是"秘本"了。

(注)此段强调"征验"的重要性，足见"感应"之争的无谓。

我们今天学习斗数，当然应该根据"前人准确有效的统计记录"，但更重要的是，古今社会文化背景不同，今人似亦应该替后人留下一些"准确有效的统计记录"。所以王亭之对于斗数的研究，一向鼓励后学应该突破前人，应该"胜过师父"。抱残守阙的人，拿着这本讲义视为"钦天监秘本"，加上若干零星的口诀，就以为天下之秘皆尽于是，反而讽刺王亭之"胜过师父"这种态度，适足以使斗数消沉毁灭耳。

紫微斗数与天文学

紫微斗数是以北斗星群、南斗星群、紫微垣群星及其他杂星的运转变化，来象征人的一生吉凶祸福，而所谓南斗、北斗、紫微垣都是在近代天文学中最重要及最易认识的星曜。

我们所谓的“北斗”，在近代天文学中，是属于“大熊座星团”，而“天龙座”还有“小熊”诸星座，便是我们中国古天文名称的“紫微垣”。再说到“南斗”星，在我们中国的二十八星宿中，又称作是“斗宿”，而在近代西洋天文学中，“南斗”是属于“人马座”中最注目的一部分。在紫微斗数中，所注重的是“南”与“北”、“水”与“火”。所以将南斗、北斗作为主要星曜，以其他的星曜作为辅星。

所谓北斗星群，在天空一共是七颗星，光度都很强。根据近代天文学家的测算，这七颗星，大约离我们地球是五十到一百光年，这七颗星排列的形状好像一把熨衣用的旧式熨斗，因为它的方位，在北纬四十度以北的地方，所以我们称它叫“北斗”。在一年四季中，不论哪一天的夜里，任何一个时辰，只要是晴朗的气候，没有飞云遮盖，都能看到它在北方水平线之上。在中国古时，是利用北斗星的运转，来定出一年四季，所以在《书经》“舜典”上有“璇玑玉衡，以齐七政”，在《鹖冠子》上有更详细的说明，它说：“斗柄指东，天下皆春；斗柄指南，天下皆夏；斗柄指西，天下皆秋；斗柄指北，天下皆冬。”北斗的斗柄一共是三颗星，在这中间的一颗，中国古天文称作“开阳”；在它的贴近地方，有一颗比较暗淡的伴星，在古天文的名字，叫做“辅”星，在紫微斗数中，叫做“左辅”星，是一颗吉星。在《史记·天官书》中有“杓携龙角，衡殷南斗，魁枕参首”，这是说以北斗作中心，分别引出三条直线，可以分别指出二十八宿中三个重要的星宿，与我们紫微斗数有关的就是“衡殷南斗”的“南斗”星，其他二个星宿，一个是“参”宿，一个是“角”宿。现在我们画一个简单的北斗星群及天龙小熊星座，也就是紫微垣天龙星座，就是说组织的形状弯曲，好像一条游龙，有一个十字符号的是“北极”星，我们看了下面的简图，作为参考罢。

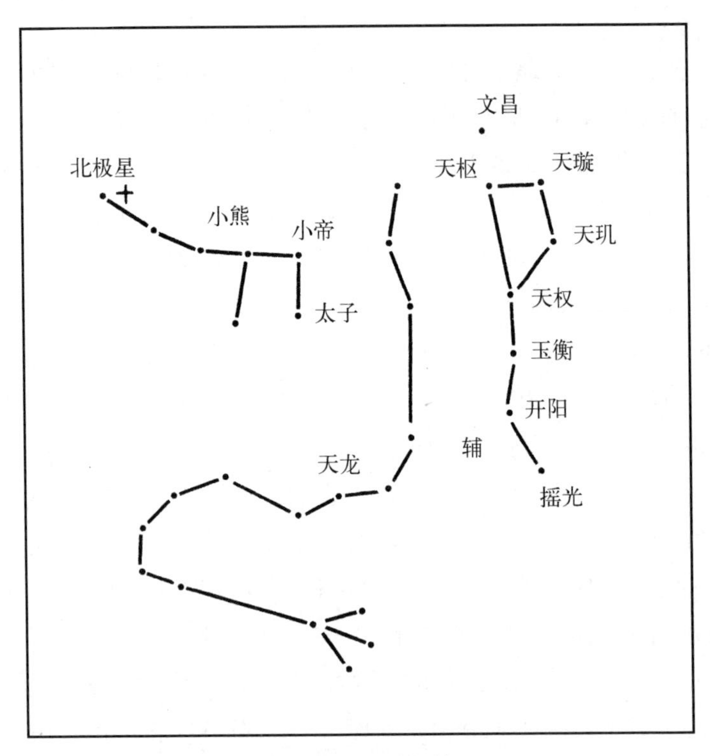

北斗及紫微垣星曜简图

关于南斗星，在前面已经说过，它在中国古天文学上，是二十八宿中的“斗宿”，它一共是六个星曜组织成的，可是它们的光亮远不及北斗的七颗星，就是斗的形状，也比北斗的斗形小得多了。住在近北的人，不容易在天空中看到它，因为南斗星是常在水平线的下面，要在七八月，就比较容易看到它了。

在近代西洋学的天文学中，南斗星是属于“人马座”的一部分。在星曜的神话中，说“人马”是一个上身人形、下身马形的怪物，手里拿了弓箭，正在射“天蝎星座”。在人马座里，还有二十八宿中的“箕宿”在一起，在《诗经》的《大东》篇上有“维北有斗，不可以挹酒浆”，又说“维南有箕，不可以簸扬”，这就是说南斗及箕宿。现在我们再画一个南斗和箕宿的简单图形在后面，作为参考。

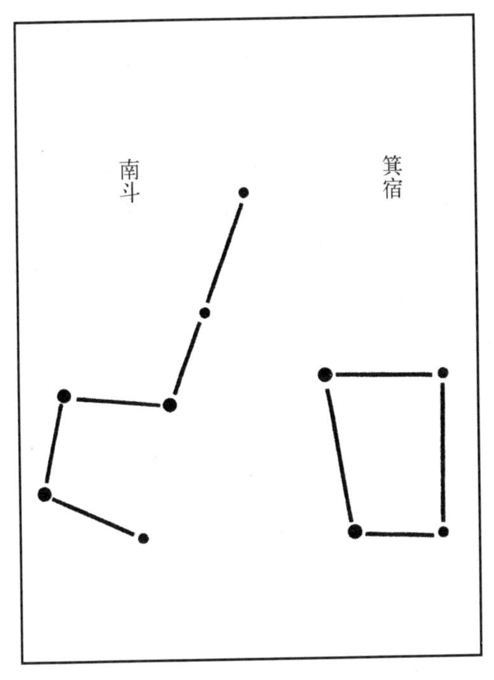

南斗箕宿简图

在前面略略谈了些南斗、北斗、紫微垣的星曜与近代天文学的关系，可是这些都是天文家的专门学问，我们也就不再继续研究下去了。

（注）此段论天星，可以参考，读者还不妨同时参考陈遵妫先生著的《中国天文学史》，印象当会更为完整，对“实星”“虚星”之说亦多一点认辨的知识。

紫微斗数和子平八字

在实际上研究子平的,是八字的推算命理方法,和研究紫微斗数,真是异途同归。目的既然相同,效果也是相等。但是子平的方法,仅以干支八个字为主,所以起例比较简单,可是在论断的时候,常常感到不够应用。更因为五行生克、轻重较量、神煞相绊等抽象玄妙的理论,每使学习的人,似是而非,以为很清楚,等到用在实际上时,又觉得游疑模糊。时常一个略为复杂的八字,甲以此为用神,乙又以彼为用神,而丙丁又以其他神煞为用神,缺少比较固定而实际的规则,所以很多人就觉得初学时反能略谈吉凶,而益研究便益糊涂了。

(注)"子平"与"五星"一向是我国推断禄命的两大主流,"紫微斗数"则一向居于旁支的地位。历代论纂类书,于术数部分必收"子平"与"五星"的著作,而斗数则仅属见于"道藏"。

造成这种情况,是因为"子平"讨论阴阳五行生克制化,恰恰可与《周易》、《洪范》、《河洛》配合,且可联系到儒家的哲学系统,所以受到文人的重视,加以发挥阐扬,已俨然由"术"进而为"学"。

"五星"是中国最古老的推命术,于五代时,融汇了从西域传来的占星术,于是后来便有"琴堂派"的兴起。由于源远流长,所以虽然只是"术"而非"学",亦受到历代的重视。

反观斗数,与"子平"比则是"术"而非"学",与"五星"比,则不及其源远流长,再加上"怀宝自秘"的心理,稍得一诀即自鸣得意,于是乎便被古代论推断禄命之学者所忽视。

陆斌兆先生论"子平"取"用神"之难,确属事实,然而"子平"之有哲学系统,愈建立愈完整,此殆亦不可忽视之事实。王亭之浸淫斗数十余年,并无意贬低它的价值,但持平一点,觉得亦应该同时指出斗数的局限性。有人因此攻击王亭之“欺师灭祖”，一笑置之可矣。持一叶障目以观天，便说天如一叶之大，这并不是陆斌兆先生的原意。

以下陆先生所论“子平”的局限，读者可以研究，然而斗数本身亦非十全十美之术，这一点亦须注意。

这种情形，须要知道决不是子平的方法不准确，一则是缺少一本经过详细分析，再来有系统、有规则、既简单又明白的条例归纳的书籍；而最大的原因，还是子平的方法是仅仅以四个天干、四个地支如此简单的八个字，却要用它来解说一个人一生的祸福变迁，上推祖先得失，下及子孙盛衰，旁及亲戚朋友的成败，凡有关该八字的一切，都要从这八个字变化出来。请想这样千变万化的人事和环境，在这仅仅八个字的变化中出来，真是谈何容易。譬如说：你左邻右舍的情形如何；你妻舅的得失；你女婿的性格；你祖坟的方位及它左右的环境如何；你落地时产房的左近环境如何；你现在住宅四周环境如何，而室内家具如何安置；你有弟兄数位，每一位的性格如何；你有数位子和女，每一位的前途和性情又如何。诸如此类的问题，在八字中也一样能像紫微斗数逐一分析出来，可是普通研究的人，就因为玄理的复杂，在基本的原则下，都觉得很费力去运用它，因此就很少作更进一步的研究。所以这简单的八个字，就需要看学者本身的修养，设法引申到多方面去，你的智识能引申到多大的范围，则你所能反应的事也只能到这范围为止。所以我们知道人的一生，全包含在这八字中，却要看学者有没有这能力反应出来。而这种能力，已因八字太简单，受到强力的困难。

譬如说“八卦”，只有乾、兑、离、震、巽、坎、艮、坤八个符号，可是这八字的符号却代表了宇宙间的一切。就拿“乾”来说罢，“乾属金为天、为冰、为雹，是西北方、是京都、是六城、是高地、是长者，为父老、为名人、为头、为肺、为骨、为马，是天鹅、是雄狮、是大象，为金宝、为珠玉，属果断、属刚健、属武勇”，等等，写不完的许许多多。请试想，一个数千年前的简单的符号，却要代表二十世纪宇宙间一切的八分之一。所以一位研究八卦的人，当他得到一个“乾”字的符号，将如何困难去选择一个正确的意义来解说呢?

子平虽然比八卦复杂，可是还觉得它太简单来反应这复杂的人事和环境，那么反过来说，紫微斗数就毫无困难了么？一个简单的回答：“同样困难。”但是比较起来，稍易着手，这原因很简单，紫微斗数是以星曜的飞躔宫度来论断吉凶，常用的便有几十个星曜，虽然同样要配合研究者的学识经验和丰富的常识，但只要能分清星曜的吉、凶、庙、陷，再经过本讲义的归纳和分析，吉星说吉，凶星说凶，在论断方面便比较有把握了。

我们根据上面来一个结论，只要生年月日、时辰准确无误，则无论紫微斗数或是子平八字，都包含了你一生的一切，可是如何反应出它包含的意义，那就要看研究的人本身的修养和学识的程度了。可是子平、八字，起例简单，所以容易入门，因为偏重玄、理，所以不容易登堂入室。紫微斗数起例比较麻烦，星曜太多，初学时眼花意乱，只要学会以后，却能迅速收效，扬发其精华了，如能将子平八字和紫微斗数配合研究，那就相得益彰了。

星命学与迷信

科学第一的今日，星命学常被视作“迷信”之谈，如此的批评，不能说这是社会人士的偏见，也不能就此认定星命学确属迷信之谈。关于社会人士不良的反应，却需要研究星命学的人负起澄清的责任，因为星命学是一种学问，而“迷信”却又是另外一回事。在今日世界上，各前进和文明进步的国家都有专家在努力研究中，大学教授、哲学博士，研究星命学的很多，一种学术的研究是不可能与迷信混为一谈的。所谓“迷信”二字的含义，是盲目信仰，不问事理的是与非，但是星命学是一种预测未来的学问，容易被不良之徒利用作幌子，他们不求在学术上作深切的研究，不问事实真伪，杜编故事，颠倒黑白，使听者慑慑于心，落在他们有计划的迷术中。这种情形，在社会版的新闻中，常常可以看到，无怪社会人士看到这种新闻，连带将“迷信”“骗术”及“星命学”混在一起，其实在报纸上所记载的是“骗术”，绝对不是“星命学”，所可恨的，做这骗术的人，利用了“星命学”作幌子罢了，却使真正的星命学术，遭受了可耻的污点。

所以在今日的社会上，虽然有很多有修养、有学识的职业星命学家，还有很多有修养、有学识的星命学研究者，便因为常有这类不幸事件发生，不愿出而问世，或以业余时间与大众研究，以避免社会人士的误会，而影响到他私人的人格。其实这也是错误的，如果有修养的学者都出而问世，则借作幌子的人自会自行淘汰了。

同时社会人士觉得星命学书籍，都是字义深奥、玄之又玄的理论，除了专门研究的人或经人指点者，就无从研究，因之对星命学的普通常识就太少了。在听星命家演述命理的时候，就无法辨别它的真伪。若研究的人多出版浅近明白的书籍，使人人都懂，那在听的时候，就不会盲目地信仰或随便听人指鹿为马了。

（注）江湖术士藉星命之术行骗，以致星命蒙污，陆氏已慨乎言之矣。但另外却有一种人，以“业余”标榜，其实是在宣扬宿命，然后提出用“风水”来补救，实在亦迹近行骗。一位纯正的星命研究者，决不会于论命之时旁及其他，正如一位纯正的堪舆研究者，亦不会于讲风水时旁及斗数。

行将失传的紫微斗数

离今一千多年五代的时候，有一位大哲学家陈希夷先生，便是在华山得道的陈抟老祖，字图南，号扶摇子，他是亳州真源人，在今日的华山上还有很多当初炼道时的遗迹。

先生以天空中南斗、北斗、紫微垣及其他众星曜为经，以先天八卦，化合在后天八卦内，配合纳音五行为纬，定局布星，穷彻天地造化，预测一生祸福。可是大好学术，就因为后人怀宝自秘的自私心理，致不能成为普遍大众所能研究的学术。关于紫微斗数的著作，在明清两代虽有几部遗著，就因为懂的人太少，没有得到好好的保管和翻印，到了今日，要求一本前人的遗著，版刻或是手抄的，真是凤尾麟角，不易求得。即使千方百计求得了一鳞片爪，却都是讹字脱落、残缺不全的了。坊间印本，更是错误百出，无法目通了。就因为历来秘不相传，懂的人太少，因之极少著作留传，因为书籍留传太少，所以后世懂得的人更少，循环因果，到现在不用说研究的，就是知道紫微斗数的，也不很多了。还能糟粕犹存，就得归功于部分的师承口授了。可是长此下去，这一门高深神奇的学术，逐渐迈向狭小的路，可能在不知不觉中，被人们遗忘而失传了呢。

现在这部紫微斗数讲义，希望能引起大众研究的兴趣。因为紫微斗数真像一个无穷的宝藏，地下的矿藏只要我们去发掘，便有无穷的收获，所以希望研究的学员快快努力去发掘罢。

(注) 王亭之主张弘扬斗数，攻击立至，而且诅咒及于王亭之的子孙。为何如此，读者读陆氏本文此段即立知真相。

攻击王亭之的人，宣扬陆氏本书为“钦天监秘本”，所以最怕别人泄漏，然而倘若不因其明作攻击，暗下纠众将陆氏的原著剽窃删改,用自己的名字发表一些鳞爪,则王亭之恐怕亦不会立下决定,将本书辑注出版,所以研究斗数的人,不妨感激这三两个“怀宝自秘”的人也。

推算紫微斗数的方法

推算命理的方法，大都依据人呱呱落地的那一年、那一月、那一日、那一时作为标准，检查年、月、日、时的方法，又不外根据“日”和“月”的运转来计算。根据太阳的，称为“太阳历”或称作“阳历”。根据月亮的称做“太阴历”或称作“阴历”。在我们中国所用的历，既非纯阳历，也非纯阴历，而是阴和阳合混的历，我们称作“夏历”。

在夏历里，有记录“月”运转的初一和月半的朔望，也有记录“太阳”旅程的春分、冬至等二十四个节气。每个月有一个节，还有一个中气，相当于一个前门和一个后门，过了节，便是太阳已经进了这个月的前门，当过了中气就是说太阳已走出了这个月的后门，正在向下一月的前门进行中。推算子平八字，便是依照夏历中的节和气作推算的标准。所以当推算到过了中气的八字，就有“太阳过气”的批注，就是告诉你，太阳已走出这个月的后门了。

而紫微斗数是根据夏历中阴历的一部分，依据月的行程来推算，与节和气完全无关。因为与节气无关，所以逢到闰年闰月时，推算的方法，就不能像推算子平——只要根据节气来决定推算的月份，应当另外变换方法，来决定推算的月份。现在先让我们来研究一下闰年罢。

闰年的推算方法

前面说过在中国计算年、月、日的历书，是阴历和阳历混合的“夏历”，太阳和月的运转有一个固定的差数，每年是十日二十一小时十二秒，因为有了这个差数，所以就增加了一个闰月来弥补。每三年一闰，有闰的年份共有十三个月，计三百八十三日又二十一小时三十二分三十七秒。因为差数尚有多余，所以五年再加一闰，每十九年共有七个闰月。在《周髀》上关于闰月的说明是：“十九年为一章，四章为一蔀，二十蔀为一遂，三遂为一首，七首为一极，极三万一千九百二十岁。”在夏历中，闰月是依据中气来定前后的，中气在晦，闰月安在下一个月；中气在朔，闰月安在前一个月。所以闰月只有节，没有中气。我们也可以说，在夏历中，没有中气的月，便是闰月。

但是推算紫微斗数，并不依据节气，我们知道闰月的月份是跟着上一个月份而定的，譬如说闰三月，是先过了三月，然后跟着来个闰三月；过了五月，然后来个闰五月，所以逢到闰月的时候，事实上该月已经过了，因之在紫微斗数遇到生在闰月的命，就依照下一个月份推算。譬如闰三月的命，就依照四月推算，因为三月早在闰月前过完；闰八月生人，就依九月推算，余者依此类推。但是推算流年，逢到闰月，就不依照推排命盘的方法，作下一个月来推算。在书上有“闰月斗指两辰之间”，所以推算流年逢闰月，就将该闰月一分为二：上半个月，自初一日子时起至十五日亥时止，依上月推查吉凶；自十六日子时起，到月底亥时止，依下月推查祸福。譬如流年闰五月，即自闰五月初一日子时起，到闰五月十五日亥时止，依五月推查吉凶；自闰五月十六日子时起，到月底亥时止，依照六月推算祸福，余者依此类推。

（注）关于“闰年的推算法”，一向有两种说法：

一为陆斌兆先生在此介绍的主张，即将闰月作下一个月算，如闰三月，作四月算。另一则为将闰月分成两半，上半月属前一个月，下半月属下一个月算。如闰三月，由初一至十五属三月，十六日至廿九(或三十日)属四月算。——王亭之的师传，采后一种方法，与陆氏不同。

然而王亭之一向主张，凡闰月生日，不妨多起一张命盘来作参考，稍加征验，检查一下实际发生的事件，与哪一张命盘吻合，即可确定哪一张命盘正确。

至于论斗数推命，与“节气”无关，正月生人就作正月推，不必理会是否已交“立春节”，或已过“雨水气”，此则为不易之论。盖明刊本斗数全书已有“不似五星要过节，但论年月日时生”之语。近今异说纷起，有提倡“过节起命宫”，一如“子平”定生月之法，似嫌过于标奇立异也。

天地人三个盘图

紫微斗数既然是根据人落地时的南斗、北斗、紫微垣及其他众星曜的飞躔宫度来推算吉凶祸福的，当然我们需要有一个盘图来记录这些星曜的动态，这个盘图，我们称之为“命盘图”。

这个命盘，分作十二宫，再将十二个地支固定地分列在十二个宫中，然后依照后面讲义中一条一条的推算方法，将每个星曜都推查出来，填在每一个适当的宫里。一个命盘又分成三个盘，一个是“天盘”，一个是“地盘”，一个是“人盘”，这三个盘各有它不同的功用，现在将这三个盘的不同点解说如下：

天盘——在紫微斗数中，天盘是个主盘，它所记录的星曜，就是落地当时的星曜和它们飞躔的宫度，所以根据这个天盘，可以定出格局的高低、性格、意志、名利和事业，可以推算父母、兄弟、妻子、儿女、刑克和成败，是表现人一生的概况，等于建筑一座房屋，这天盘正是指示你这房子的轮廓。我们可以明白这房子是高厅大屋还是狭小低屋，是古典式还是时代式。

地盘——地盘是推查先天根源，正好像建造房屋，去研究它的地基深浅，建筑的材料是钢骨水泥还是沙土板房。可是近代推演紫微斗数都不注重地盘。在明朝的几部著作中，推演斗数都须推查地盘，来推查先天宿根、来源的厚薄。

人盘——我们将落地当时的星曜宫度都记录在天盘上，可是人自落地后，决不能停留在当时的环境中，时间是一秒钟一秒钟地过去的，环境和人事也每一秒钟在变动，所以仅凭一个天盘决不够推查一个人一生的千变万化，所以就需要一个跟随着时间同样在变动的盘图，以便随时来反应人事的变迁，这个盘就称作人盘。

关于地盘和人盘，都是由天盘中变化而来，所以第一步先需要一个

巳	午	未	申
辰			酉
卯			戌
寅	丑	子	亥

命盘图

绝对准确的生年、月、日、时和一个万分准确的天盘了。

(注) 关于“天盘”、“地盘”、“人盘”,亦有不同的意见。

一般流派,只论“天盘”,无“地盘”,“人盘”则称之为“流盘”。唯中州学派则有“三盘”成立。

陆斌兆先生在此处论“地盘”如房屋的地基,用以推查“先天根源”;论“人盘”是一个“跟随着时间同样变动的盘图”,则正如俗称的“流盘”,仅属一种说法。

另一种说法,则为用“地盘”和“人盘”来算“卡罅时”(交替时),即时头的十五分钟用“地盘”算,时尾的十五分钟用“人盘”算。

举例来说,上午五至七时为卯时,所以由五时至五时十五分用“地盘”,五时十五分后至六时四十五分前用“天盘”,六时四十五分后至七时正用“人盘”。

然而这个说法亦是一般大概,王亭之的师说,则系除交替时外,仍论“三元甲子”以参订用天、地、人盘。关于天、地、人盘的应用,已在《安星法与推断实例》中详细加以讨论,并举出一些实例来作参考。

星曜飞躔十二宫吉凶反应的研究

紫微斗数中的星曜很多，有吉祥的星曜，也有凶恶的星曜。但是凶者未必是凶，吉者也未必是吉，所以我们要研究它们的庙旺陷落。虽然我们已经知道了它们的入庙和落陷，可是它们的吉祥，到底是如何的吉，是如何的祥；而所谓凶，所谓恶，又将凶到如何程度和恶到何等程度；同是一个星曜，当它飞躔在命宫或飞躔到财帛、事业、田宅等宫，它们的意义有什么不同，这些都是我们须要作进一步研究的。

在讲义中，著者将每一个星曜都条分缕析，将它们的性质意义和飞躔各宫时不同的反应，也都解说出来，因为一个星曜，好似一块塑胶，每一个宫又好似不同的模型，所以星曜飞到某一宫时，其外型便被该宫的模型所改变，可是它的本质并没有改变。

一、紫微星

紫微星，在五行属阴土，是北斗的主星，在天上是一个高贵的星曜，主掌宇宙间及每一个人一生的造化。所以在我们中国的传统思想上，紫微星便是代表帝皇的帝星，因为一国之君，无疑掌握了生杀大权，地位和权限都是至高无上的。无论他是为国为民的贤明之君或者昏庸暴虐的君主，人民都是被迫必须敬而畏之，固无论内心如何，在表面上是被迫必须歌功颂德，所以紫微星都有好高自大的性格，同时有爱之欲其生、恶之欲其死的自私心。

在我们的想象中，帝皇的环境既如上面所说，当然只有好的一面，而永远没有坏的一面，但是在历史上却详细告诉我们，帝皇的遭遇可以分作纵和横来研究。在纵的方面，可以分作开天辟地创立基业的君王，有全盛时代国泰民顺的君王，也有东争西战国贫多灾的君王，更有惨遭颠覆的亡国之君。在横的方面，可以分文武百官拥在朝堂的君王，和脱离群臣远离朝堂的君王。一位君王所以能威权使行，便因为他有百官拥护，高坐在庙堂之上，一呼百诺，一切的困难或危险，都由文武百官协助处理和全力保护。若是一旦远离群臣，不用说行使权威，便是一个小百姓也能加以反抗，或者还会加以污辱。在旧小说中，常有某某皇帝下江南，被匪人捉进水牢中受罪的故事，固不去研究故事的真实性，但这是很明显，帝皇脱离了保护他的大臣武士、远离庙堂是会遭遇困难的。在紫微斗数中，这紫微星是代表了帝皇，所以它的一切和反应也可以作如是论。

紫微星，除了研究它的庙旺、落陷外，更需要推查它的文武百官，如左辅、右弼、天魁、天钺、文昌、文曲、三台、八座、禄存、天马等有否同度或会照。因为会到了这些吉星辅曜，则紫微星便能作威作福，无往不利；若是没有吉星，反与恶星凶曜聚会，则是忠贤远离、小人弄权的局面，或是小人在朝、君主在野的情形，那么灾祸连连，主为人假心假意、奸诈刁滑了。

（注）紫微喜“百官朝拱”，所喜者除陆先生所举之外，尚有天府、天相，恩光、天贵，台辅、封诰，龙池、凤阁。其中文昌、文曲，三台、八座又称为“辇舆”，即有如帝皇的侍从车驾。

紫微喜化权，即使没有“百官朝拱”，亦主其人可操权柄，但武曲同时化忌，须注意其缺点；最喜化科，主其人有声誉。化权、化科都不作“在野孤君”断。

《紫微斗数全书》（以下简称《全书》）云：“不入庙，无左右，为孤君，亦清闲僧道。”并未将“孤君”的星系结构和盘托出。应读如：“不入庙，无‘百官朝拱’，为孤君。”至于僧道的命，则见下说。

“无道之君”则不同于“在野孤君”。“无道”是指吉曜不同度会照，而三方四正满眼恶煞而言，主为人横悖刁诈。“孤君”则仅主沦落失权，谋为费力，与“无道”不同。此点最宜仔细分别。

七杀星若是与紫微星同度，有吉星会照，则七杀星的刚勇便成为英雄有用武之地，化煞为权，主人有权有势；若无吉星会照，则是草寇霸道，主人横得横破。

（注）《全书》云：“紫微七杀化权，反作祯祥。”又云：“紫微七杀加空亡，虚名受荫。”又云：“紫微七杀同宫，会四煞不贵，孤独刑伤。”可见关键在于能否“化杀为权”。

古诀云：“紫微巳亥旺地，与七杀同，丙戊生人财官格。”（坊本作“乙戊生人”，误。）这是因为丙戊年生人，禄存在巳，或与紫杀同宫，或与紫杀相对。所以王亭之的师传有一句口诀：“紫微七杀与禄同，化杀为权逞英雄。”此即以见禄为“化杀”的条件——其实称为“制杀”更合。

若紫杀同宫见火铃羊陀同度会照，则不成“化杀”之局。

若无禄存吉曜，亦不见煞，即使不落空亡，不见空曜，亦主其人仅得虚名，即古人“虚名受荫”之意。

天相、禄存、天马三星会照紫微星，而没有空劫恶煞同宫者，主一生富贵双全。

（注）能与天相同会的紫微，仅有“紫微在子午独坐”、“紫微破军在丑未同度”、“紫微天府在寅申二宫同度”、“紫微天相在辰戌二宫同度”几种情形。几种格局都喜见禄马，亦喜见“辇舆”。

古诀云：“紫禄同宫日月照，贵不可言。”“紫微武曲临财宅，更兼权禄富奢翁”（注云：得禄存亦同）。已透露了紫微喜见禄的性质。

至于天相则为“印星”，与紫微同会，有如帝皇持玉玺，更见禄马或辇舆，自然有如一位能持权柄且国库充盈、有声有色的帝皇。但若同时同会恶煞，则“无道”的性质仍然不能避免，盖富贵与无道是两回事也。

紫微星在天罗地网宫（辰宫为天罗，戌宫为地网），对宫是破军，无吉星辅曜会照者，称之为无义，因为破军有冲锋陷阵破敌先锋的意义，受对宫帝皇之命后，便唯军命是受，不顾一切，远离家室，杀敌无算，所以称之为无情无义；对于人，或则精神受刺激，或则心脏不健全。如有吉星会照，虽然能化无情为有情，但该人的一生，定然一波三折，过程决不能平凡矣，同时在有意无意间，还时会表现一下情义方面的淡薄。

（注）《全书》云：“紫微辰戌宫得地与天相同，乙己甲庚癸人财官格。”这是因为乙年生人，得化禄化权夹命；己年生人，会武曲化禄；甲年生人，会廉贞化禄；庚年生人，会武曲化权；癸年生人，会破军化禄。故知紫相同宫，以见化禄化权者为上格。

王亭之的师传口诀是：“紫微天相辰戌宫，最宜权禄喜相逢。”

上述几种格局之中，以得天机化禄、天梁化权相夹最为上品，盖天相最喜财荫相夹。

古诀云："紫微辰戌遇破军，富而不贵有虚名。"是指见禄而不见权者而言。

古诀又云："紫微遇破军于辰戌丑未四墓宫，为臣不忠，为子不孝。"是指无禄权及吉星会照而言。若无吉，但见煞，则为无情无义矣，而其人的际遇亦多坎坷。

<table>
<tr><td>七杀 紫微
巳</td><td>贪狼
午</td><td>天相
未</td><td>七杀
申</td></tr>
<tr><td>天相 紫微
辰</td><td colspan="2" rowspan="2">紫微星系
组合图</td><td>酉</td></tr>
<tr><td>贪狼 紫微
卯</td><td>破军
戌</td></tr>
<tr><td>天府 紫微
寅</td><td>破军 紫微
丑</td><td>紫微
子</td><td>天府
亥</td></tr>
</table>

(1) 命　　宫

紫微星躔在命宫，主人面色紫红或黄白色，年老时红黄色或者是紫色；腰背肥满，中高体材；瘦长面，略带圆形；性情忠厚豪爽但多游移不定；志气高傲，性情倔强；能化七杀的煞气而成权威，能化铃星及火星的不祥之气，而成中和。会照了天府、天相、左辅、右弼、文昌、文曲、禄存、天马、化禄、化权、化科，而在入庙的宫位，必定富贵双全。如其有禄马交驰而没有空劫遇到，更主大富大贵。若是没有左辅、右弼、文昌、文曲、天魁、天钺等星拱照，同时又没有入庙，那就是君王在野，成了孤君。主人性情孤独，思想超脱，可以出世为僧，或者是一位求真的道士了。

(注) 此段重复申述"百官朝拱"的结构。凡得"百官朝拱"的紫微，以居命宫为最宜，居福德宫亦佳。

紫微独坐不得"百官朝拱"，则必须三方四正见空曜及华盖，然后始主其人好研究哲理，或有虔诚的宗教信仰。在紫微六个星系组合中，尤以"紫微贪狼"见空曜及煞曜者，易转化为宗教的信仰。——所谓"空曜"，系指地空、天空、截空(仅正空重要)、旬空(亦仅正空重要)而言。

与破军同宫或会照，无煞星，宜在政界谋发展。如会照禄存、天马，则经商能发，但是所经营的事业，宜公共事业或与政府有关的事业。

(注) 古云："紫微破军坐命，甲乙戊己庚生人，富贵堪期。"

这是因为——

甲年生人得廉贞化禄来会；

乙年生人得紫微化科在命；

戊年生人得贪狼化禄来会；

己年生人得武曲化禄来会；

庚年生人得武曲化权来会。

然而虽得化禄、权、科，仍需见禄马始许得富。否则，即使昌曲、辅弼、魁钺来会，亦不过在政界发展顺利而已。

倘不见禄、权、科，又无辅佐吉曜，则虽从政亦局面不大。古云："紫微破军无左右吉会，凶恶胥吏。"——此云"凶恶胥吏"，即指无吉而见煞而言。

凡紫、破的组合，以服务公众为宜——官吏亦为服务大众也。所以即使经商，亦以公用事业或半官方机构为佳。

若是躔度到辰戌二宫，则一生多波折，可富而不能大贵；或者贵而不能大富。事无二全，一半是虚空的。

（注）辰戌两宫为"紫微天相"同度，与破军相对。古人认为这是"为臣不忠，为子不孝"的格局。

但古诀又云："甲乙己癸年生人财官双美。"

这是因为：

甲年生人得会廉贞化禄；

乙年生人紫微化科在命；

己年生人得会武曲化禄；

癸年生人得会破军化禄。

"紫相"以见化禄为佳，见禄存次之。更见左右昌曲则主贵。

然而"紫相"却不宜见羊陀。见擎羊主词讼，见陀罗主淹滞。在相貌方面，见擎羊主破相，见陀罗主牙齿有缺陷。

唯大致而言，"紫相"见羊陀唯宜经商，若从事政治，则多争执是非，或者独立离群。

普通经商的命，便是擎羊、陀罗、火星、铃星这四个煞星会到，只要入庙及有其他的吉星同躔会照，也能发财，但是麻烦纠纷、事非口舌很多，会照擎羊落陷，主有讼词口舌等遭遇。

（注）紫微星系中，见煞宜经商的结构，为“紫微独坐”、“紫破”、“紫贪”、“紫相”、“紫杀”。唯有“紫府”一系，见煞则主奸诈刁猾；更遇空曜，则更与六亲无缘。

紫微星在命宫最普遍的现象便是耳软心活、无所不好的习性。

（注）紫微为帝星，所以特别多谗言，而听信谗言，亦是紫微的最大缺点。

必须化权、化科或见“百官朝拱”，然后才可免听信谗言的缺点。

女命有天府及吉辅星曜会照者，是一位封诰的夫人之命。若是擎羊、陀罗、火星、铃星、空劫照会，再有破军照拱，则一生自作主张，虽有财发，但难免淫巧多夫。在夫宫有紫微星躔度，加天府及吉辅星曜者，亦主夫荣子贵之命。

（注）对陆斌兆先生的这个说法，王亭之有很大的保留。女命“紫府”同宫，不一定“夫荣子贵”，必须“百官朝拱”始是，若不见吉而见煞，仍主婚姻不利。

唯“紫破”、“紫相”两种结构，婚姻最难完美。见辅佐诸曜而不成对（如见天魁不见天钺之类），再见煞刑空曜，往往再嫁。

大限、流年，紫微星来临，主福兴禄厚，在商主发展，在政主升迁，事多机遇。天府同度，更得贵人帮助，突然名利双收。如与破军同度照会，则有去旧更新的意味。逢空劫、耗星，有经济困难、破财停滞的不利。与擎羊、陀罗、火星、铃星相会，更有虚惊纠纷、降职停业的遭遇了。

（注）大限或流年见紫微，仍应详为各星系的性质而言。原文所云，仅可参考。

(2) 兄弟(姊妹)宫

紫微星在兄弟宫,主弟兄近贵,得有依靠之兄长或宽厚富裕之兄长。如与天府同度或照会,弟兄三人。遇天相星,三四人。左辅、右弼,五人以上。破军照会,有刑克或析产分居,亦主三人,或异母所生。遇有擎羊、陀罗、火星、铃星(四煞)、空劫、天刑者,则有伤克或欠和,或弟兄有破败衰落者。天马拱照,各奔东西。

(注) 可以补充一点资料——

"紫贪"在兄弟宫,三人;见煞忌者,二人。"紫杀"在兄弟宫,二人;见煞忌者,一人。

凡紫微在兄弟宫,见七杀、羊陀、火铃者,兄弟姊妹皆宜双数则不克,否则克至双数。

紫微见破军,虽主有可能得异父或异母的兄弟姊妹,但"紫相"对破军,有时亦仅主双胞胎。

但在许多情形下,兄弟宫又用来推断自己的同僚、同学,若见紫微而会吉星祥曜者,则主有能提携自己的同学、同事,不过自己必须甘心处于"佐贰"的地位,然后关系始能和好。尤其是既见吉星又见恶曜的场合,人际关系尤宜小心处理。

若吉星祥曜的力量不足,而煞忌刑耗的力量反而很大,则主受制于同僚,甚至连自己的下属亦可能不服自己的指挥。

于推算流年大限之时,将兄弟宫如此检查,常常可以帮助自己对事业运势能作出更详细的推断。

(3) 妻宫(夫宫)

紫微星临妻宫,主妻子性情高强、有丈夫气,必须迟婚,乃能偕老。会照破军,结婚前招遇破坏、困难或周折。如在辰戌二宫,主夫妻薄情。如破军再与天刑、擎羊、陀罗、火星、铃星、空劫相会照者,主刑克,三妻之命。与天府星同宫或冲会,主白首偕老。与天相会合,宜小配。与贪狼星同度,有吉星助持,虽有周折,可免克。

(注)紫微坐夫妻宫,其基本性质,跟三方四正的辅、佐、煞、化诸曜,以至杂曜的关系甚大。

例如紫微会合天寿,夫妻年龄便有差距。女命夫妻宫"紫微天相"同度,遇"财荫夹印"的格局,丈夫亦宜以比自己年长八年以上为佳。尤其是"紫微破军"同度之时,见煞忌刑则主不利,但见禄、权、科则反主配偶事业广大,不利的性质亦转化为会少离多而已。

辅佐诸曜,有时亦主为第三者,尤其在夫妻宫见紫微的情况下,这种性质更为明显。若再见煞忌、桃花,婚姻状况便非常复杂。尤其是在现代社会,复杂程度更大为增加。

据王亭之师传,紫微与天府同宫,未必一定"白首偕老",无论男女,有时亦主为二婚之命,必须得吉曜会合,天府又见禄,然后才主夫妻和美。否则虽表面上维持关系,而内心仍有隐衷,并不主婚姻美满。

凡紫微在夫妻宫,皆主配偶有统治欲,同时有责任感。如何适应,可以由这方面着眼。尤其是当紫微与擎羊同宫的情况下,除了主配偶年长之外,女性尤须对丈夫忍让。

(4) 子 女 宫

紫微星在子女宫,主子女出秀但性情倔强、志气高傲。主有三男二女。如与破军、擎羊、陀罗、火星、铃星、天刑、空劫等星会照,主长子有刑克,或破相,或产时不足月。会照化禄、化权、化科,主得强父胜祖之子,但以迟得为宜。与左辅、右弼、天府会合,主有五胎以上,如同时与四煞、破军、天刑等煞星会照,则见多留少。会文昌、文曲、化科,主子女聪明。逢左辅、右弼者忠厚。遇天魁、天钺、化权者,贵子。逢禄存、化禄者,富子。会天马者,宜远离。紫微星会合擎羊、陀罗、火星、铃星、空劫,则宜偏室或填房(续妻)生子,或先招祀子,否则极迟得子。紫微星独守子女宫,无吉星会照煞曜者,主孤独。

子女宫有擎羊者,如不刑克、破相,则父子之情不浓厚。或则生前无法享受子女的孝养。

(注) 紫微坐子女宫,一般情况下主头胎生子。不过现代人喜欢婚后立即避孕。所以可能使这项推断变得不准。而"讲义"中提到有关长子的情形,如破相、"强父胜祖"之类,亦影响到准确性。

所以在现代社会,与其用星曜的性质来推断长子,倒不如用来兼视自己的主要下属或学生、门徒的性质。

一般情形下,不喜见"紫微破军"、"紫微天相"这两组星在子女宫。如果受四煞刑忌会照或处于"刑忌夹印"的状态,则与主要下属或学生、门徒不和,易受到他们的反叛。

此外,紫微在子女宫,亦有一个比较独特的性质,即以迟得为佳。这不仅是子女,门生弟子以及得力的主要下属,均主迟得。

所以最喜见左辅、右弼会照(或左辅、右弼夹着"紫微破军"的宫度),则主晚辈得力,可以帮助自己。除了辅、弼之外,其余吉曜,仅主对晚辈本身有利，并不主为对自己的帮助。

但在子女宫见煞忌刑耗的情形下，却又不主晚辈本身不利，而是主对自身的人际关系恶劣。

在推断斗数子女宫时，上述的原则相当重要，尤其是当紫微在子女宫时，这些原则更应重视。

(5) 财 帛 宫

紫微星临财帛宫,主富厚。遇破军,虽有财,但有波折、破败。逢擎羊、陀罗、火星、铃星者,能横发,但时间不长。与七杀会同,亦能横发,但须有吉星扶助。会左辅、右弼者,财源来自多方面。与天同、禄存、化禄会照,财能积储。与天府星同度,一生富足。在未宫主得意外之财,在丑宫者,较次,但再经该宫时,须防破耗。紫微星在财帛宫,会大耗、空劫者,有剥削破耗,财来财去,难以积储。

(注) 紫微守财帛宫的所谓富裕,在一般情形下仅主有财可用,或收入丰厚,并不主可成巨富。因为紫微是偏重于权力与名誉的星,不是财星。

所以虽然得会合辅佐吉曜,亦不主成富翁,只主财源亨通。若见辅佐吉曜的同时,且有火星、天虚、大耗等曜,则主其人表面风光而已,并不代表财富丰盈。

有些星曜组合,仅主骤发。如"紫微七杀"、"紫微破军"、"紫微贪狼",见煞曜亦能骤发,然则却亦蕴藏发后暴败之机。

如果四煞会照,更见空劫、刑、耗诸曜,不但暴发的时间不长,而且破败之后,恐怕还会比未暴发前更加贫困。

"紫微天府"同度,必须天府见禄,然后主一生富足;若为"空库",则仍主困乏。

故综合而言,凡紫微守财帛宫,性质很难完美,倒不如不求暴发,但求财源充盈,能敷场面应用,反而成为最安定的性质。因为储财的能力,紫微本身不强,最好的情形,亦为财帛运用的能力而已。

因此,“紫微七杀”与左辅、右弼会合,亦仅主为财赋之官。

倘紫微见煞,又见禄马交驰,则为背井离乡经商的命。除非有财气丰厚的大运配合,否则仍不主能成富商巨贾。

(6) 疾 病 宫

紫微星在疾病宫，主有肠胃之疾，胸闷气胀、呕吐腹泻之症。与贪狼同宫者，性喜色欲。会天姚、咸池等星，有手淫遗精等症。会擎羊，男主包皮长，女命有暗疾。会红鸾、天喜者，经期不准、白带及子宫暗疾。与擎羊、陀罗、铃星会照，并有天刑会照者，主因病动手术。与火星相逢，主有湿气或皮肤病。逢空劫者，眼昏、胃疼。与左辅、右弼、天府会照者，亦主胃病。吉星多者灾少。

(注) 紫微属阴土，故一般主消化系统疾患。于皮肤，则为湿气。尤其是"紫微天相"的组合，见煞，即主皮肤过敏，或为肾结石、胆结石、膀胱结石的象征。

紫微在疾病宫，煞忌重重者，主吸收营养不佳；但如果辅佐诸曜重重，却又防过度摄取营养。二者都易引发消化器官的运作紊乱，因而导致患其他疾病。

由于紫微为帝星，所以当与桃花诸曜同度或会合时，便带色欲的性质或主妇女暗病。必须明白这个性质，然后才会理解到，当桃花诸曜会照之时，即使见辅佐诸曜，亦不能解散桃花诸曜带来的不良性质。

"紫微破军"往往成为一个患性病或暗病的基本结构，即因上述性质而来。

"紫微天府"见武曲化忌，又见刑忌虚耗的星曜太重，且有煞冲照，许多时候会成为严重的胃病，或消化器官病变，出现瘤肿、溃疡，更严重则为癌症。

一般情形下，紫微在疾厄宫，灾厄的程度可以减轻，或在感受方面较易适应。

(7) 迁 移 宫

紫微星临迁移宫，主出外有人敬重。会照左辅、右弼，有贵人扶助。逢天府星，出外富贵双全。禄马、化禄会照，出门有财。天相亦主能发。破军同度，有成有败，或主贵人扶助，小人破坏。禄存同宫，出门虽能得利，但防被小人挤兑。有擎羊、陀罗者，人缘不足，或出门多麻烦纠纷。火星、铃星、大耗、天刑、空劫照会，主在外多事多非，破财不安宁。

(注) 紫微在迁移宫，对“七杀朝斗”或“七杀仰斗”格局的人来说(即七杀在申、寅两宫守命)，并不一定代表迁移有利。即使紫微得“百官朝拱”，亦主其人下属众多，仍主在出生地发展。

在卯酉二宫守命，无正曜，迁移宫为“紫微贪狼”，且见吉星会照，然后始主迁移有利。若原来的命宫已会合吉星，亦不一定非背井离乡不能发福。

命宫天相，对宫为“紫微破军”，则须视“紫破”所会合的星曜吉凶而定。一般情形下，主有人助力提携，但亦有人破坏。这种情况，“紫微天相”在迁移宫者亦然。

“紫府”在迁移宫，若见空忌，则反主在外落落寡合。必须吉星祥曜会合，然后才能富贵双全。

(8) 交 友 宫

入庙有吉辅星会照,主得宽厚诚实之友,并得手下拥护。与破军、空劫会,因友破财。遇陀罗,为朋友事而硬出头,招遇纠纷麻烦。会擎羊忌星,赐恩反遭怨报,或手下人无义。

(注) 紫微在交友宫(奴仆宫),应该分开两种性质来推断:

第一,自己的下属、同僚或事业合作伙伴的性质是好是坏(所以有时亦应兼视“兄弟宫”)。

第二,自己跟他们的人际关系如何。

所以紫微诸星系入交友宫时,不喜见“百官朝拱”得太完美,亦不喜见这些星系太威权,否则并不对自己有利。例如“紫微破军”在交友宫,见诸吉,反可能变成不能得友人或下属之力。更兼见煞曜,有时便变成“恶奴欺主”。

然而亦不喜煞忌刑耗并会,主人际关系恶劣。

在紫微诸星系中,以“紫微七杀”这星系最宜注意,即使会照吉曜,亦主下属难以驾驭,倘再见禄存,即主自身奔波而下属安逸,与人合作事业者尤然。关于此项性质,王亭之有颇多实际经验。

(9) 事 业 宫

紫微星在事业宫,入庙无煞星。会天府、左辅、右弼、三台、八座、天魁、天钺等吉星者为一品大员、国家栋梁、人民领袖、名利权贵。禄存、天马、化禄会照,善理经济财政。与禄存、化禄同度,应握经济大权。与破军会照,一生事业,成中有败,多波多折。天刑、擎羊、武曲入庙会照,主握军警大权。紫微星化科,更宜政界机关及公众事业谋发展。与空劫、大耗拱照者,一生事业多破耗。事业海阔天空,由空中楼阁或幻想中成事实,宜工厂、实业方面发展。与地劫星同度,时生枝节。

(注) 紫微在事业宫,要留意两个不同的性质:

第一,如见煞曜与佐曜同时会照,则仅主从事独当一面的工作,或为自由职业,或为部门主管,并不甚利于从政。尤其是现代社会,见煞者从商较从政为宜。

第二,如见科文空曜同宫,则虽不见煞亦不宜从政,否则易树敌。以自由职业或专业工作为宜。

凡紫微星系在事业宫者,皆主工作有独立性,故容易发展成为独当一面,不过独当一面亦并不就等于事业一定有成就,须详会合诸曜的吉凶而定。

“紫微七杀”为管理能力的象征,“紫微破军”则属于开创力的表征。因此亦主人辛劳,见煞多劳身,见文曜则主劳心。这两组星系最宜见禄。不过“紫破”见禄,却又主其人事业多变,许多情形下又主容易负担额外工作,无事奔忙。

紫微守事业宫不甚忌见四煞,仅主竞争与忙碌,此为现代社会正常情形。倘四煞或三煞并照,又见刑忌耗曜,然后主一生屡经重大的挫折。此以“紫微破军”在事业宫者尤然。“紫微天相”亦有相似的性质，不过主动力较小，所以事业失败往往受客观环境影响。

“紫微天相”守事业宫者最不宜从政，易受压力。

(10) 田 宅 宫

紫微星临田宅宫,自增产业或购有山地。紫微星入庙,会禄存、化禄者,宜购置矿产高地。火星同度,再会擎羊、陀罗、空劫、耗星者有火灾之惊。破军同度,祖业退去,再逢擎羊、陀罗、忌星,主因产业田地发生纠纷讼词。与天相同宫有现成家业,但仍需左辅、右弼、文昌、文曲、天魁、天钺会照,否则终有破耗。

(注)紫微星系守田宅宫,一般皆主有自己的产业楼房,而且以住高地、高层为宜,自觉精神愉快。

唯"紫微破军"与"紫微天相"两个星系,则必须见辅佐诸曜,然后始主能保持产业。倘见刑煞,或主破耗变卖,或主词讼纠纷。即使大限或流年的田宅宫见到这种情形,亦有同样的克应。

关于火灾的推断,王亭之可以对"讲义"补充的是:逢流年田宅宫见火星与紫微同度,而羊陀有流年羊陀冲叠,更见劫耗,然后始有火灾,否则不是。

紫微与文曲同宫,文曲化忌者,买楼时易因契约文书不小心而受损失。

(11) 福 德 宫

福根极厚,能享受崇高富贵之乐。天府或天相同躔,终身福厚。破军会照,劳心劳力。陀罗会照,自寻烦恼。擎羊、陀罗、火星、铃星、大耗、空劫、天刑会照者,福薄多烦恼。忌星相会,多忧多虑。

(注) 紫微坐守福德宫,有劳逸之别。

凡见辅佐吉曜者主逸,见刑煞忌曜者主劳。若逢羊陀夹忌(如紫微与贪狼化忌同宫,即使流羊流陀来夹,已经入此格局),则奔波劳碌而无成果,兼且易生追悔之心,影响事业。

紫微星系在福德宫,多主观,且喜凡事亲力亲为。尤以"紫微破军"为然。见虚耗,则凡事必事倍功半。

与火星同度,做事急如星火,如广府人之所谓"皮鞋筋"(一扯就要到)。

唯无论如何,紫微星系在福德宫,均主人的气质高出同辈——所以另一面亦因此易感孤立。

(12) 相貌(父母)宫

与天府星同度,主父母富贵,无刑克。会破军,早离家庭,否则早年有刑克。贪狼、天相等星相会,无刑克。凡相貌宫有贪狼、咸池、红鸾、天喜、天姚等星,主有继母或父亲有偏室,或多外遇。有擎羊、陀罗、天刑、化忌者,主刑克,或父母有危症,及遭遇意外之灾,或则幼年不为父母所爱护。

(注)紫微星系守父母宫,一般情形下主父母有权威,所以必须视会合的星曜来厘定其"权威"的性质。——若无"百官朝拱",则仅主父母主观,在家庭为暴君,所以再见煞忌刑曜,便主不为父母爱护。但若见文科诸曜之时,却又主受父母偏爱。

推断父母有无两重婚姻(或外遇),除了桃花诸曜同宫之外,据王亭之经验,还得视辅佐诸曜是否照会而定。例如,同时见左辅右弼,极可能有两个母亲,但再加会文昌而不见文曲,始主外遇或偏房。

火星同度,早年因种种情形离开父母。

二、天机星

天机星在五行属阴木，在天上属南斗星群，化为善星。此星性质多计谋，机变多端，在人有权变、机灵的意义。好动、好勤、好学，但亦有见异思迁、博而不精，欲望过高，致事实常不能追及其理想，故多操心操劳，但处事每多有条理。

(注)天机可比喻为谋臣策士，所以宜为辅佐之士，而不宜独当一面。

天机对四煞非常敏感，亦无抗御空耗刑忌等恶曜的力量，即使在大运流年，受到流煞的冲会，往往亦可以引起不良反应。

命宫天机见煞同度，不宜经商，以从事专业为宜。

天机守命宫，贪狼守身宫，其人交际忙碌，但却可能是无事奔忙。

凡天机坐命，宜专门从事一业，则可藉后天力量改变多学无成的缺点。唯天机始终带有好高骛远的色彩，所以亦可将此性质转移为学习业余技能。

<table>
<tr><td>天机
巳</td><td>巨门
午</td><td>天梁
未</td><td>申</td></tr>
<tr><td>天机 天梁
辰</td><td rowspan="2" colspan="2">天机星系
组合图</td><td>酉</td></tr>
<tr><td>天机 巨门
卯</td><td>戌</td></tr>
<tr><td>天机 太阴
寅</td><td>天机
丑</td><td>天机
子</td><td>太阴
亥</td></tr>
</table>

(1) 命　　宫

天机星在命宫，主人面色青白，年老时略带黄色。入庙则身长肥胖。与巨门同度或落陷，主瘦、中高身躯。面长瘦略带圆型，亦有长圆型。心慈性急，好动好学。男命天机星在命宫，机谋多变、多才多艺。与天梁星会合，长口才，善辩善谈，性情敏感，随机应变。与太阴星同度或会合，有内材，有权术，重情感。在申宫，则紫微天府夹命，一生权重禄凑。在子午宫则巨门对宫，成权富。天机入庙，最善谈兵。会照左辅、右弼、文昌、文曲、化禄、化权、天魁、天钺者，一生权贵。禄存、天马拱照，财源丰厚。文昌、文曲会照或夹宫者，禀性聪明，文章出众。禄、科、权三化星照会，无煞曜，人民领袖、朝廷重臣。化忌星，则游移多变，趑趄不决，多忧多虑。与擎羊、陀罗、火星、铃星同度，虽能富贵，但不长久。会有煞星，以经商为宜，但多变动。

如有吉星扶持，主身兼数职，或有专门技能、艺术成功之士。天机、巨门、禄存同宫，或在迁移宫，主大贵(须无恶煞)。天机、天梁同宫，有吉星会照，虽能发但不长久，虽能贵徒负虚名。天机、天梁、七杀、破军冲会，乃空门谈禅之客。天机、天梁、天同、太阴会照，宜在政府机关或在公众事业中谋发展。如会文昌、文曲，宜于大众文化事业中服务。天机、天梁、太阴会照，而贪狼在身宫，主人日夜奔忙、劳碌异常或有酒、赌等嗜好。与擎羊、陀罗、火星、铃星会照，多灾多难，或落地后即他迁，或祀出，否则遭遇虚惊。在寅宫、卯宫及辰宫会合七杀及破军煞星者，主有意外不测之血灾。凡会合擎羊、陀罗、火星、铃星、空劫、天刑，再遇化忌者，寿夭。

(注) 天机在命宫的人，从好处来说，是机变灵活，但从坏处来说，则是游移不定。所以必须详察命宫三方四正所会合的星曜，然

后才可以推断它的好坏倾向。“讲义”中对天机坐命的各种组合性质叙述，读起来觉得花多眼乱，但其实即是根据此原则来判断。

现在将一些古人的论断，来跟“讲义”所述的性质比较一下——由于跟天机有关的星曜，主要为太阴、巨门、天梁三曜，所以古人的论断亦集中于此。

“机梁左右昌曲会，文为贵显，武为忠良。”除了卯酉二宫的“天机巨门”之外，其余十个宫位的天机都有可能构成这个格局(所以，机梁二曜的关系也就特别重要)。不过却以天机独坐子午，以及居寅申宫的“天机太阴”较为高格。

“天机天梁同辰戌，必有高艺随身。”

“机梁会合善谈兵，居戌亦为美论。”

“机梁辰戌命宫同，加吉曜富贵慈祥。加羊陀空曜僧道。”

这三项是专论“天机天梁”同度的组合性质。然而却须注意到“机梁”本身的孤克性质以及好自我表现的特性，所以有时坐迁移宫，对命运的影响，反而会比坐命宫的格局更好(相传孟子的命局，即是迁移宫在戌，机梁同度，古人称为“机梁加会格”)。

“天机太阴同居寅申，难免跋涉他乡。”

“机月同梁作吏人。”

这两项，主要是讨论“机阴”组合的性质。其特点吉则为权变，凶则为权术。最不佳的组合，可以发展成为权术阴谋。

所以“天机太阴”同度，以从事计划、设计工作为宜，见禄文诸曜者亦宜从事金融经济的计划管理工作。

“天机与巨门同卯酉，必退祖而自兴。”

“机巨酉上化吉者，纵遇财官也不荣。”

天机在子午与巨门相对，性质比二曜同宫为佳。“机巨”二星同宫时，卯宫比酉宫为佳。见禄者又比不见禄者为佳。

“机巨”见禄，更见辅佐诸曜，可富贵，但不耐久。有煞同度则为破格，仅主为人多背面是非。这个格局受煞忌刑曜及辅佐化曜的影响，变化甚大。

“天机太阴巳亥逢，好饮离宗奸狡重。”这是指巳亥二宫的天机坐命而言，但必须四煞及刑忌会照始是。

“天机加恶煞，狗偷鼠窃。”

这是天机坐命的最下格。唯据王亭之征验，往往却为遭逢意外与寿夭之征。

凡天机火星同在命宫的人，宜防脑部神经血管疾患。

女命天机星在命宫，主性情刚强，机巧聪明，助夫益子，持家有方，操持过丈夫。禄、权、科三吉化相会，乃诰命夫人。太阴同度，容貌美丽，富情感，善机对。巨门会照，多口舌。天机化忌星，多忧善虑，有刺激性，易受外界影响而起感触，为男性既恨又爱的对象，是一朵有刺的玫瑰。如天机、巨门、天梁、太阴会合，更遇化忌、擎羊、陀罗、火星、铃星、天刑、空劫等煞星者，主刑克，宜继室、偏房、迟婚，否则伤夫克子。

（注）女命天机，古人评价不高，以其少厚重的气质也。所以有如下的评断：

“女命天机在寅申卯酉，虽富贵不免淫佚，福不全美。”

“女命天机，会太阴巨门天梁，遇四煞冲合，淫贱偏房娼婢，否则伤夫克子。”

必须入庙会吉，然后才许为持家有道。

这种推断，有时代意义，因为天机坐命的人，一般主感情易生变化，爱好易生变化，所以古人便不喜这种女命。

“议义”所述，已较温和，但仍未重视女子在今日社会中的独立地位。今日推断女子天机坐命，其婚姻好坏，不如仍视其夫妻宫。

但女命天机化忌，又见权科会照，则喜玩弄感情，若更见煞刑诸曜，婚姻始终不幸。

大限、流年，天机星躔度，主有变动转机，多新机会，或住宅床位迁动搬移之事。会照天马，有迁升职位、出门远行等事。会合禄、权、科三化星及禄存、天马、文曲、文昌、天魁、天钺诸吉星者，主事业发展，添财添福。如擎羊、陀罗、火星、铃星、空劫、化忌、巨门等星会照，主口舌连连，家事纷纷，心烦气闷，诸事多变，不得安宁。

（注）天机化忌在流年命宫或田宅宫，主住宅或办公室搬迁，但须注意风水。

其余多项推断，仍应详星系组合全面评定。

(2) 兄弟(姊妹)宫

天机星入庙,主有弟兄二人。巨门或天梁或太阴会照,均主二人,落陷意见不合。若会合擎羊、陀罗、火星、铃星、天刑、天马者,主刑克分离。

(注) 凡天机在兄弟宫,一般情况下,主兄弟稀少。

天机与天梁在辰戌二宫同度或在丑未二宫相对,主有兄弟流产或小产。亦主兄弟姊妹容易分离。

若以这项原则来推断同僚、同学、同事,则主较易落落寡合,或容易变换交往的对象。若"天机天梁"在兄弟宫,更有天刑同度,主易起争讼。

"天机巨门"化忌者,亦多纷争口舌。

"天机太阴"于三方四正见禄,再见天巫同度,主兄弟姊妹间有争夺遗产之事。王亭之师传的口诀是:"机月不宜见禄巫。"

(3) 妻宫(夫宫)

宜小配,须相差三岁以上,主性情机巧,持家有方。会太阴,主妻有内助,而且美丽。会天梁星,则反宜长配,或则小六岁以上。有煞星须迟娶,或订婚后生变化。与擎羊、陀罗、火星、铃星、天刑、化忌会合,主刑克。会天梁星,若不迟婚,或男女方于结婚前与第三者曾解除婚约或已发生过恋爱变化者,则主生离或离婚。

(注) 在夫妻宫的天机星系,以"天机天梁"(或天机对天梁)的组合最易滋生弊端,以"天机太阴"(或天机对太阴)的组合较易完美。至于"天机巨门"(或天机对巨门)的组合,必须见化禄化权始得美满。

天机与太阴相对,比同宫为佳。见文曜再见桃花,则配偶易为异性追求。但若见化吉者,则主配偶秀发。

天机与天梁相对,亦比同宫为佳。男女皆主与配偶年龄有差距,或相反,丈夫反比妻子年轻。

"天机巨门"同宫,见禄,比二星相对为佳。天机与巨门相对,主夫妻貌合神离。

(4) 子 女 宫

入庙，二人，聪明机巧。庶生则三胎以上。会合巨门，只一子。在申宫会合红鸾、天喜、大耗等星，女多子少。太阴同度，二女一子。在寅宫会合天梁星，主有三人。遇擎羊、陀罗、火星、铃星、空劫、天刑等星者，刑克无子。天机在子女宫，大都子女稀少，或得子极迟方合。

(注) 天机在子女宫，不但主子少或迟得，而且亦主下属或追随自己的晚辈稀少(或时时更换，关系不常)。

天机与天梁同度，或丑未宫的天机与天梁相对，稍见煞，即主易流产或小产。流年子女宫见到这种星系，常常为人工流产的征兆。以擎羊或流羊同度为确，不然，于流年命宫或疾厄宫见到动手术的星系，亦确。

“天机太阴”同度，桃花诸曜重重，但却见左辅右弼，则主“姑子归宗”，即以女儿所生之子承祀。在现代，可能已少“姑子归宗”的情形。

(5) 财 帛 宫

天机临财帛宫，主财来财去。与禄存、化禄、天马会合，主富裕。天机落陷，费心劳力，多变化。若与巨门会照，更须伤劳精神，破费唇舌，多竞争，多暗斗；每一件事，在没有进行时，他人亦毫未注意，一旦进行谋取时，则他人亦群起争夺，因之便多费精力了。如与天梁星会合，则主人谋财多巧计，多机变。若擎羊、陀罗、火星、铃星、空劫、大耗会照，则一生机缘虽多，但多聚多散。如天机、禄存同度，虽得财，但小人不足耳。

(注) 古代认为"天机太阴同居财帛，见禄存化禄，为财赋之官"。这种见解，今日尚有其社会意义，但有时却可转化为在银行、财务机构服务。

天机在巳亥，与太阴相对，则为"财赋之官"的意义减少，可转化为专业人士得财。在现代，天机又主机械文明，所以亦可成为研究发明创造之表征。

"天机巨门"的组合，古人认为宜"闹中取财"，在现代，则有颇重的竞争意味，亦可成为自由职业及传播界的表征。

天机居子午，与巨门相对，竞争尤其剧烈，求财甚为费神。

"天机天梁"的组合，古人认为是"机谋巧计以求财"，在现代，若得吉曜拱照，亦可成为专利发明。见煞，则宜在工艺方面发展。

天机在丑未二宫，与天梁相对，求财之心更为炽烈，所以"机谋巧计"的性质更重。其计谋偏重于商业方面。

(6) 疾病宫

天机星在疾病宫，主人肝火旺盛，有肝胃疾、头昏、耳聋、眼花等肝阳上升的症候。婴儿时多灾多病或有惊风等症。女命阴分虚亏，经血枯少。如与太阴、红鸾、天喜、咸池、天姚同度，主经期不准，有暗疾或子宫不正。擎羊、天刑、大耗同度，主因疾病经过手术。

(注) 天机抵抗煞刑诸曜的力量不强，因此天机守疾病宫，主易受疾病侵扰。

天机属木，因此主肝胆疾患。

天机主思虑，因此亦主神经衰弱。

天机见桃花诸曜过重，由于此等星曜多属水，水多以生木，反主过患，所以便易成为内分泌失调引发的暗病。古人统称之"阴分亏损"。

"天机天梁"同度，或对拱，见羊陀天刑为盲肠炎；再见火铃、忌星，同会阴煞、天虚、劫煞等杂曜，主胃癌或乳癌。

据王亭之征验，"天机太阴"同度或对拱，多主神经系统疾患。女命见化禄、化权，亦主子宫暗疾，此系由内分泌失调而来。

(7) 迁 移 宫

天机星是活动多变的星曜，所以在迁移宫，以出门反利，居留血地便多生是非，心乱意烦了。会照巨门星，宜出外创业。会天梁星，出外有贵人扶持，且有现成的机缘可得。若会照擎羊、陀罗、火星、铃星、空劫者，主出门不利、破财、口舌是非、虚惊及意外之灾。与太阴、禄存、化禄相拱照，主出门得财。遇天马有煞星，主奔忙不定，劳碌非常。

（注）天机居迁移宫，一般主利于出门。但在现代社会，由于不必背井离乡亦可以得外地之财，所以有时天机星亦仅主变动，如转业、转工之类。

但巨门子午二宫坐命，会太阳化忌者，迁移宫天机独坐，则仍以离开出生地或久居之地为宜。

“天机天梁”的组合，虽离乡仍恋故土。在现代社会，可以发展成为在外埠及本地均有商业机构成立，见诸吉禄马，尤有发展成为跨国企业的可能。

一般来说，“天机天梁”是较利迁移的组合，亦常多在外地发展的机遇。唯四煞同会，则在外多忧、多虚惊、多困扰。

(8) 交 友 宫

交友广阔，有各阶级及各方面的朋友，但亦时时有变换。入庙能得朋友之助力，并得有助的职员。与巨门星同度，则交友中常多莫名的口舌。与擎羊、陀罗会照，受朋友之累或小人之陷害，多纠纷，多是非。火星、铃星相遇，多争斗，多气恼。空劫、大耗相会照，因朋友而破耗钱财。

（注）天机在交友宫，虽见辅佐诸曜，亦仅主交游广阔，必须左辅右弼、三台八座同时照会，然后始主得助力。

天机与天梁相对，而天梁有吉曜同躔，则主得年长的友人扶持。

天机与巨门相对或机巨同宫，易与友人发生误会，引致是非口舌。古人认为“天机巨门交人，始善终恶”，即是此意。

所以天机在交友宫，最好能保持“君子之交淡如水”的作风。

天机、太阴与桃花诸曜会照，又见化忌、刑煞，提防误交匪人。

(9) 事 业 宫

天机星临事业宫,一生事业多变动。与左辅、右弼等吉曜相遇,事业有多种的发展或兼任数职。文昌、文曲,化科会照,最宜于文化事业、大众工业上谋发展,或有专门技能。天机入庙,与化禄、化权、化科会照,名震四海,国家之栋梁,政界要人,能文能武。落陷宜在公共机关中任职或大公司中服务。擎羊、陀罗、火星、铃星会照,时时调换职业或流动性无根之职业。有空劫、大耗者,宜实业工厂,如投机事业,结果必然倾家。

(注) 天机与太阴的组合(同宫或相对),一般利任公职或服务于大机构,主管财务、会计之职。见禄、权、科,然后始可组织财团、掌握资金。若见煞,反宜工业发展。

天机与天梁的组合(同宫或相对),与"天机太阴"的组合略同,但多了管理、监察的意味。

天机与巨门的组合(同宫或相对),宜从事传播、广告事业。若从商,以主管营业部门为宜。

由于天机主变动,所以吉则主可从事多项经营或身兼数职;凶则主不守一业,浮荡无根。

"天机天梁"同度,见煞曜,亦主落拓江湖。

(10) 田 宅 宫

祖业虽然退去，自己能置产业，但不能久持，时有迁动。天梁会照，晚年能增产业。与擎羊、陀罗、火星、铃星、空劫、大耗会照，因住屋而发生纠纷麻烦。天机落陷，住处噪杂、不安静，或近处有工厂等闹杂声。

(注) 天机守田宅宫，一般情形下均主难守业。会诸吉，则主时时搬动。

由于田宅宫亦用来推断自己的服务机构，因此天机守田宅，有时亦主易转换工作机构或从事外务，多奔波。

天机与巨门的星系组合(同宫或相对)，最易引起产业纠纷，亦主人较难置业。最嫌化忌，再见煞刑，主因产兴讼。

天机与禄存同度，见忌刑，主为邻舍不和。天机与巨门的星系尤确。

(11) 福 德 宫

与天梁星同度，能自寻享受。与巨门星同躔，劳心劳力。与太阴会，在闹中喜静趣。化忌星者，多顾忌，进退多虑，不安宁，操劳失眠。擎羊、陀罗会照，自寻烦恼，终日碌碌。火星、铃星、空劫、天刑、大耗会照，劳碌奔忙，福薄心烦。

（注）天机守福德宫，主人多思虑，易患得患失；天机化忌更甚。由于忧则伤肝，所以天机化忌于福德宫，而疾厄宫又不吉者，每每亦主患肝病。

天机守福德宫，亦主其人有多方面的嗜好，然而却易有多学不实的倾向。

见空曜、华盖，则多人生空幻的感觉。

若天机化科，又见华盖、文曲，则有喜爱术数或神秘事物的倾向。

天机与太阴同度，无煞或煞少，其人第六感觉相当强。

天机与巨门的组合，仅主人敏于思辩，但却未必办事机敏。

由于天机抵抗煞曜的力量弱，所以天机守福德宫，与煞曜同度，均主心烦，因之精神享受欠缺。

(12) 相貌(父母)宫

天机星临相貌宫,主远离父母,否则有刑克。与擎羊、陀罗、火星、铃星、空劫、天刑会照者,主刑克,或重拜父母,或祀继他人,幼年过房。会天马,幼年离家,年长入赘。与太阴、天梁会照者,可免刑克,与巨门同宫,早年不利父母。

(注)三种天机星系组合中,以"天机太阴"的组合最利父母。"天机巨门"及"天机天梁",早年均对父母不利。

但由于父母宫亦用来推断自己的上司与主管或师长,所以当"天机天梁"会吉曜之时,尤其是当天梁化科而无太多煞曜会合之时,主可受长辈恩惠、提拔,或得严明的上司或师长。

天机守父母宫,见桃花、天马,主入赘,或供养岳家而不供养父母。

三、太阳星

太阳星在五行属阳火，在天为日之精，化为贵，在男命中，作为父星及子星。在女命中，作为父星、夫星及子星。宜日生人，不宜夜生人。为命盘中事业宫的主星。太阳在十二宫中各有其名称，今分别解说如后，以供学者研究之。

太阳躔子宫，名“天宜”，主为人富于情感，主生贵子。

丑宫名“天幽”，日月同宫，主为人性情忽阴忽阳，不易捉摸。

寅宫名“天桑”，是日出扶桑的意思，这是旭日正拟东升的时候，主为人福厚名显。

卯宫名“天乌”，主为人英明俊伟，有大丈夫气概，多艺多才，名显富裕。

辰宫名“天爽”，日出龙门的时候，主人少年显达，权名远扬。

巳宫名“幽征”，主为人志高气傲，锋芒太露，为禄厚权高、功名显达之士。

午宫名“日丽中天”，主人福厚禄重，志高气壮。

未宫名“天辉”，日月光辉，主权重豪爽。

申宫名“天暗”，主为人多学少成，处事多周折。

酉宫名“九空”，主为人做事亨通，但有始无终，最忌煞星，有刑囚之灾。

戌宫名“天枢”，日藏光辉，名虽不扬，遇吉曜，反能成富。

亥宫名“玉玺”，日月反背，反成大局，少年立功勋。

太阳星最喜三台、八座、文昌、文曲、天魁、天钺、左辅、右弼等吉星会照，主事业伟大，既贵且富。太阳在戌宫，主有眼病、近视、散光等情况。在午宫虽贵，但日光太烈，亦主有目疾。太阳在亥，反能大发，但必须会遇禄存、化禄、天马方合格。总之太阳星以贵为主，而富次之；太阴星以富为主，而贵次之。

（注）日生人，以太阳为中天星主，故对夜生人不利。因为是星主，所以亦喜“百官朝拱”，不宜孤立。此性质同紫微。

日初升于寅，始沉于申，所以喜寅卯辰巳午未六宫，不喜申酉戌亥子丑六宫，夜生人更甚。不利父亲、儿子；女命更不利丈夫（婚前则男友不利）。

太阳主贵不主富，其富裕系由贵显而来。故时易表现为名大于利。

太阳本身带有光芒散射的性质，所以不宜更见散射的星曜，见天梁则反能收敛光芒，变得更为沉潜。

“讲义”中所列太阳居十二宫的名称及表义，仅可作参考，不宜拘泥。但有一个基本思想却不妨注意：

太阳不喜过分散射热力，因此居巳午二宫时便不主富；反而戌亥两宫的太阳，遇吉曜可成富局，这则是由于光芒收敛的关系。

这种推断，是基于儒家的“中庸”思想而来。

<table>
<tr><td>太阳
巳</td><td>天梁
午</td><td>未</td><td>申</td></tr>
<tr><td>太阳
辰</td><td colspan="2" rowspan="2">太阳星系
组合图</td><td>酉</td></tr>
<tr><td>天梁 太阳
卯</td><td>太阴
戌</td></tr>
<tr><td>巨门 太阳
寅</td><td>太阴 太阳
丑</td><td>太阳
子</td><td>巨门
亥</td></tr>
</table>

(1) 命　　宫

太阳在命宫，主人面色红润、红黄或带紫红色。面型饱满或长圆。在午宫身躯高大，态度大方而潇洒。落陷则中矮身型。

男命庙旺，主人性情豪放，心慈好施，禀性聪明，志高气傲。若得左辅、右弼、天魁、天钺、文昌、文曲、禄存、天马、化禄、化科、化权会照，主极品之贵，文武全才。但必须入庙及日生人无煞曜方合。寅、卯二宫，称为旭日东升。在辰、巳二宫为入殿或称日游龙门。在午宫为日丽中天，主大富大贵。丑、未二宫，日月同明，故有忽阴忽阳之称。申宫为偏西，做事有头无尾，先则勤于工作，做事认真，终则疏懒随便，求学不求甚解。在酉宫称作落日，贵而不显，富而不久；外求美观，内实空虚。戌、亥、子、丑四宫称失辉，主人做事劳碌、虚浮而不实际。此段与前十二宫太阳名称注解，小有出入，亦即古人对于斗数星曜解注之不同点，今一并记之，以供学员等参考研究之用。

太阳星在卯宫，再得化禄为上格。在亥宫，遇禄存、化禄、天马，虽能富，但幼年不利父亲。太阳化忌者，亦不利父亲或伤目。若与擎羊、陀罗、火星、铃星相会，主人横发横破，贵不能久，富不能长。文昌、文曲、天魁、天钺、左辅、右弼夹命者贵。

女命太阳星临命宫，入庙者及日生人，性格贞烈豪爽，有丈夫气。有左辅、右弼、文昌、文曲、天魁、天钺、禄存、化禄、天马、三台、八座等吉星会照，一品夫人，旺夫益子。禄、权、科三化星拱照命宫，亦主封赠夫人之格。女命最喜逢太阳星，入庙者类多聪明慈祥，福大量宽。但落陷者，则做事多进多退，性情躁急。与火星同宫者，性情天真，情感用事，辛劳少人缘。太阳化忌，少年克夫，老年克子，必须迟婚或则继室偏房。若会擎羊、陀罗、铃星、天刑、空劫者，主刑克，多空门师太或独身服务社会者。因太阳逢煞星，性情必刚贞，故主人端庄凝重；落陷反背，双目近视散光,或一大一小。遇破军者,主非礼成婚。

大限流年,太阳星躔度,入庙遇吉星,必然平步青云,添财进福,结婚得子,富贵声扬;若落陷逢四煞、空劫,主做事空虚,多争少成,小人侵害,横争破财,头昏。

(注)与太阳有密切关系的星曜,为太阴、巨门、天梁,或同度,或相对,皆足以影响太阳的性质,所以除了庙旺利陷之外,仍须研究太阳跟这些星曜的组合特性。

太阳与太阴在丑未二宫同度,彼此互相影响,反而互相拖累,使太阳的放射性与太阴的收敛性皆不纯粹,所以"有忽阴忽阳之称"。

在辰戌二宫的太阳,必与太阴相对,由于是对宫而不是同宫的关系,反而容易调和。所以辰宫称为"日游龙门",而戌宫的"日月反背",遇吉化及吉曜反成大局。

"太阳巨门"在寅申二宫同度。巨门为暗曜,消耗阳光,所以寅宫较申宫为优。这组星系,主要性质为传播,有时亦可用来观察跟异族的关系。若巨门化忌,则主是非口舌,但亦因此主人适宜担任是非口舌的职务,例如律师、翻译等。

太阳在巳亥二宫与巨门相对,一般情形下,巳宫优于亥宫,古人认为巳宫的太阳,见诸吉可成大贵,见诸凶亦为公卿门下士;而亥宫的太阳落陷,与巨门相对,便主与人寡合招非。盖前者口舌便给,后者言词取咎,皆与太阳的庙陷有关。

"太阳天梁"在卯酉二宫同度,卯宫称为"日照雷门",日生人主贵显;可是酉宫落陷,因而古人便认为"贵而不显,秀而不实"。

当太阳坐子午二宫与天梁相对之时,皆有缺陷。子宫的太阳热力不足以解天梁之孤,所以六亲多不完美,亦主与人寡合;而午宫的太阳光芒毕露,亦易招人妒忌,而且若不见权禄诸吉,便容易空虚不实。

太阳不甚忌诸凶煞曜，见煞仅主辛劳。

唯太阳最畏化忌，不但主六亲有损，而且主人有眼目、心脏的疾患。许多先天性心脏病者，即属于此类。

落陷的太阳，见刑忌凑合，又见阴煞、天虚，主人猥琐。

女命太阳，入庙吉，落陷凶。

古云："女命端正太阳星，早配贤夫信可凭。"即指入庙的太阳而言，而且以日生人较利。

古云："女命太阳陷地失，六亲刑克且带疾。"即明指落陷的太阳，且夜生人更差。

现代妇女多有自己的事业，在推断时，亦应详视星系的性质，作出整体的评断。

关于流年大限，有古人的论述二则可以参考：

"太阳入限，庙旺，辅弼吉曜会合，必有骤然之兴。"

"太阳入限，落陷，羊陀铃星齐集，先有目下之忧，或生克父母。"

（2）兄弟（姊妹）宫

太阳入庙，临兄弟宫，三人以上。有吉星者主贵。与太阴同宫，五人以上。巨门同度或会照，有吉星，弟兄都是创立事业者。落陷及夜生人，弟兄多争不和，少依靠。有擎羊、陀罗、火星、铃星、空劫、天刑者，主弟兄有刑克，或因弟兄事，受意外之伤害。

（注）古云："太阳于兄弟宫，有光辉者富贵。有刑煞而陷地，兄弟多故。"

所谓"光辉"，以化权、化禄为最，化科次之。尤其是阳光过分强烈的宫度，如巳宫、午宫，化科未必即吉。

太阳见禄马，亦为"光辉"之征。亦喜"百官朝拱"的格局。

若太阳化忌，则长子有伤。且主父亲与兄弟之间不和，或父亲对家庭无责任感。有时亦为受兄弟拖累的征兆。

兄弟宫光辉适中，而自己命宫见左辅右弼者，是相当佳美的结构，主兄弟富贵，或同学、同僚得意，且对自己有助力。

(3) 妻宫(夫宫)

太阳星临妻宫,主妻子性情爽直,有正义感,性急有丈夫志。入庙聪明慈祥,但须迟婚,早婚有刑克。会太阴星,主有贤美的妻子。太阳落陷、化忌者,妻子性急多疑(女命则主刑克或丈夫有病灾)。凡太阳星临妻宫,会照擎羊、陀罗、火星、铃星、空劫、天刑者,主刑克、生离。若逢破军,非礼成婚。女命太阳星躔夫宫,入庙者,主嫁富贵之婿。落陷化忌者,难求满意之对象,或主刑克。有陀罗、火星者,初时热恋,终成冰炭;以继室迟婚或非正式结婚者为宜。凡太阳星落陷化忌会煞星者,元配夫妻,不能白首偕老。遇四煞破军者,非礼成婚。

(注)太阳守夫妻宫,一般情况下,男命胜于女命,日生人利于夜生人。

古云:"太阳守夫妻,男逢诸吉聚,可因妻得贵。陷地加煞,伤妻不利。"

又云:"女命逢诸吉聚,早配贤夫。陷地加煞,克夫且自身灾病。"

在太阳诸星系中,以太阳、巨门的组合(同度或对宫),最不宜见煞忌刑曜,常为与配偶生离死别的征兆。又主亲家不和或异族通婚。

太阳、太阴的组合,见禄权科会诸吉,则夫妻皆可互借助力发展。见煞忌刑曜,亦不主刑克,仅为婚前恋爱曾经有挫折的征兆。但婚后则为亲家不和、配偶自私的表征。

太阳、天梁的组合,见吉,仅主夫妻年龄差距大,或主妻年反大于夫年，且于婚前有波折。若见诸凶，则夫妻间互相疑忌。

无论男女，见太阳守夫妻宫欠吉，皆以迟婚为宜。若落陷化忌又见刑煞，须经恋爱多次挫折，且无正式婚礼的婚姻始可偕老。

(4) 子 女 宫

太阳星入庙临子女宫，主子女秀发，有贵子，主三子二女。与太阴星在未宫同度，主子女众多，无煞星，八胎以上。巨门会照，主聪明，有创业精神，有辩才。落陷有刑克，不利长子。化忌星多病多灾。会擎羊、陀罗、火星、铃星、空劫者，一子送终。

(注) 古云："太阳守子女宫，有光辉者昌，有刑煞，虽成败损。"

所以太阳守子女宫，入庙吉，日生人更吉；落陷凶，夜生人尤凶。若太阳化忌，主头胎有损，且主父子有严重代沟。

太阳主动，所以一般情形下，又为父子分离的征兆，虽会诸吉，仍难改变这种性质。

子女宫又可以用来推断自己跟晚辈(如门生弟子、直接关系的下属)的人际关系。所以以上的性质亦可同断。

太阳、天梁的星曜组合在子女宫最为吉利，成为"阳梁昌禄"的格局，子女及晚幼必秀发。即或不然，亦主沉潜，无太阳、巨门之浮华，所以易对自身助力。

"太阳太阴"的组合，有时仅主子女及晚幼辈众多。

四煞并照，不见化忌尚无妨，不过是感情上的隔膜，若见化忌，则妨长子；或主提携后进而反招怨报。

（5）财 帛 宫

太阳星入庙，临财帛宫，日生人，财源丰足；但天上太阳是普照四方，故在人主乐善好施，一生剥削极重。禄存、天马照会，乃大富之格。陷宫则财来财去，费心劳力。巨门会合，财由创业中来，或由竞争劳神中来。

（注）古云："太阳守财帛于旺地，会诸吉相助，不为巨门躔，其富贵绵远。"

由此可见，在财帛宫的太阳，不喜巨门同度或对照。主虽得财亦有纠纷，且易成为一时之富贵。

在现代，若"太阳巨门"化为权禄，则主受异族赏识而得成富。大限流年见到这种情形亦有同样的性质。

太阳与太阴的组合，由于两颗星曜的性质一主散、一主聚，所以当会见吉星之时，主先散后聚，或其人能散财亦能聚财。

太阳与天梁的组合，主争夺。但若能凭专业知识或商标字号来求财，通常情形都比较其他太阳星系为佳，所以最喜科星同躔。

凡太阳在财帛宫，无论庙陷，有吉无吉，均不易聚财。若见煞刑诸曜，则主一生为人作嫁。

所以太阳守财帛宫时，应检视夫妻宫及田宅宫有无守财的能力，如有，则财权应交给配偶；或注意置业的机会，以求趋避。

若昌曲与太阳会合，化为忌星，更主一生为别人牵累破财，尤应避免替人作保。

(6) 疾 病 宫

太阳临疾病宫，主人血压高、头眩、双目昏花或目中有红筋，肝阳上升、头痛、大肠干燥、痔疮便血、心火极重。逢擎羊、陀罗、化忌，眼目有损伤，或近视、散光及眼白不清，易得风症。

（注）太阳的基本性质为散射，于五行则属火，所以多患中医的所谓“阳明”症候。例如身体有病即易头痛、头晕。

太阳又主眼目，在午宫、戌宫，皆为视力不良的征兆。若化忌见煞刑重重者，须防失明或眼部手术。

太阳又主“风疾”，此乃由于它具有常动不居且发射阳光之故。因此除妇人头风之外，有时又为中风的征兆。以“太阳天梁”的组合，最易发生这种倾向。

太阳、太阴的组合，无论同宫或相对，都易患水火不调、阴阳不和、心肾不交的疾病，其表现为失眠、怔忡，可以发展为心脏、脑部疾患。

“太阳太阴”同度，见煞，又见刑伤空劫，主患破伤风。

“太阳巨门”的组合，同宫或对拱，防口舌疮痛（不是牙病）。见陀罗及天刑，则为半身不遂的表征。

“太阳天梁”又可为内分泌失调的表征。煞忌刑曜重重，又有流煞冲合，且见天虚、阴煞，主患乳疮、乳癌。男子则为胃癌。

(7) 迁 移 宫

太阳星主动,属外向,不宜静守,出门近贵能发。唯落陷者,出门多忙碌。化忌者,出门不利,有病灾或碌碌奔忙。有擎羊、陀罗、火星、铃星、空劫者,出门多是非,不安宁,有破耗。

(注) 古人认为太阳守迁移宫,主不利祖业,须移根换叶以成家。女命尤其认为不宜,因为古代女子无事业,离家迁移亦可能是改从别姓,再嫁二夫。

在各种太阳组合的星系中,以“太阳巨门”的组合最宜出门经商。化禄化权化科,都易得外地人提携。见化忌,则主费唇舌。

“太阳天梁”的组合,最利于出门求学、求名。所以最喜见文昌、文曲。

在现代,又往往是代理外国商品的表征。

太阳、太阴的组合,由于浮动无根太甚,所以纵见吉亦主奔波。若见煞忌,出门往往徒劳。

凡太阳居迁移,利于发贵发名,不甚利于求财,这是太阳的基本性质。即使见禄,亦未必可以聚财。

(8) 交 友 宫

太阳星之本质虽然是豪爽好施，但施与人则可，有求于人则不得，是一个施恩报怨的星曜。因为在天空的太阳，是四方普照，是无条件地给人们温暖，可是却不可能向人们收回一分一厘的酬报。同时，在很多情形下，人们反咒骂太阳晒照的热度太热了；在连绵的雨季中，人们又在怪太阳偷躲在云里不露。所以在太阳星临命盘的交友宫时，也有同样的意义，只有入庙或与太阴同度者，则多得朋友。如其落陷，及会照四煞空劫者，便是施之以恩、报之以怨。在手下的职员，更多反上怨言。会巨门星，则多无谓的口舌是非了。

(注) 太阳不宜居交友宫，即使不见煞忌，亦主施恩无功；若见煞忌，更主恩反成仇。此意已见于“讲义”。

太阳、太阴的星曜组合，一般仅主朋友下属众多。须见诸吉会集，然后始主得力。

太阳、巨门的组合，多是非，但化为权禄则宜结交异族。

太阳、天梁的组合，比较孤立，见诸吉则仍主可得诤谏之友或正直敢言的下属。

一般情形下，当太阳守交友宫之时，以自身不从事政治活动为宜。因为政治漩涡最为凶险，恩反成仇的不良后果亦最大。

(9) 事 业 宫

太阳入庙在事业宫,会照左辅、右弼、天魁、天钺,或得文昌、文曲,而不逢四煞空劫者,主贵至一品或门徒众多。在寅宫与巨门同度,无煞星,主大富大贵。与化禄、化权、化科会照,更是国家栋梁。太阳在午宫,乃日丽中天,主能掌握大权,并主大富。有文昌同度,入庙会左辅、右弼、天魁、天钺、三台、八座等吉星者,乃人民领袖或政府中之行政者。与巨门会,乃折冲政务之外交家。若太阳落陷,逢擎羊、陀罗,则劳碌奔走,多成多败。遇空劫,宜从技艺上成名,或由幻想中创立事业,多起家于空中楼阁的幻想中。

(注)太阳守事业宫,吉则事业广大,声名显赫;凶则事业空虚,浮夸不实。这是一个基本性质的吉凶两面。

所以太阳在午宫,是显赫抑或是浮夸,最容易明显表现出来。

一般来说,与太阴同度或拱照之时,比较踏实,可成为内务人才;与巨门同度或拱照之时,则宜倾向于外务,而且易流为浮夸;与天梁同度或拱照的太阳,以从事专业为宜,尤利于医疗业,若从政从商,均宜爱惜名誉,最不宜藉名誉来浮夸取财。

"太阳巨门"、"太阳天梁"见煞曜同宫或会合,又带有"偏财"的性质。只要不见天刑、不化忌,则仍不致招官非口舌。

"太阳巨门"又主得异族之财。在现代社会,最宜经商,以进出口业为宜。

"太阳天梁"为名誉之财,所以经商者须注意商标及商誉的建立。

若化为忌星,则无论什么太阳星系组合,都主事业上受到压力,只有从事以口舌竞争为基本性质的行业,然后始可化解。这些行业,如法律、推销、教育、传播等。绝对不宜从政,否则口舌是非,以致词讼纠争难免。

（10）田 宅 宫

太阳星是一个浮动的星曜，所以在田宅宫也有浮动的意义，祖传的产业便有退去的趋势。入庙有吉星扶持，仍不免有浮动变换的事实。唯与太阴星或与巨门星同度，在寅宫或申宫，有吉星扶持，不遇四煞空劫星曜，则产业增多，但仍因产业而生明争暗斗的情形。太阳、天梁同度，在卯、酉宫，主有公产斗争。

（注）依照“中州学派”的法则，田宅宫可以用来推断自己所服务的机构，以及直辖主管机关。有时甚至用来观察父亲及上司的吉凶。

有一项征验是：流年田宅宫见太阳，刑忌煞交集，又见流煞、太岁、白虎，则主父死，或宅中的直系尊亲逝世。

以田宅运而言，太阳入庙，主有祖泽，但难守。即使会集诸吉，可以自置，但仍时时变换。——所以有时可利用这点性质来经营地产。

唯“太阳天梁”同宫或对拱，见擎羊、天刑、空劫、大耗同会，则主因公产而兴大讼，以不沾手为宜。

只有在“太阳太阴”在未宫守田宅，且见吉曜的情形下，才主产业较为稳定；若太阳、巨门的组合，见吉，宜在外国置业（亦宜服务于异族人为主脑的机构）。

(11) 福 德 宫

太阳、太阴同宫,则阴阳调和,能享受快乐。与天梁星同度,有名士式的懒趣。太阳落陷,自寻忙碌。巨门会照,操心费神。女命太阳星临福德宫,主得热情的夫婿而能享受快乐。若逢四煞空劫,则奔走忙碌不宁。

(注)太阳为浮动不宁且散射光热的星曜,所以在福德宫时,主人喜动而不喜静。见擎羊、火星,尤主无事奔忙,或为朋友之事而忙碌。必须见左辅右弼、三台八座同会,然后才有较为安静的倾向。

"太阳太阴"星系,见吉,则奔忙而仍能有精神享受。

"太阳天梁"的星系,见吉,仅宜为人幕后策划,不可正面出头;尤其是在吉凶交集的情形下,出头则易招怨成仇;见科文诸曜,则为学术思考上的忙碌,性质比较优雅。但若见陀罗、铃星、天虚等曜,又主其人食古不化,主见极强。

"太阳巨门"的星系,最为劳碌操心。见煞忌,则因误会而生是非,或受压力。

女命福德宫见太阳,会诸吉,而桃花诸曜不多,则主闺房之中多乐趣。见桃花重,古人认为女命淫滥。

(12) 相貌(父母)宫

太阳入庙临父母宫,主父母无刑克。会吉星,则幼年受父母笃爱。父在事业上握权力,贵而且富。太阳星落陷者,克父。如逢化忌星,擎羊、陀罗、火星、铃星、空劫、天刑者,须注意太阴星是否有煞星同躔,则主克母。因父在母死后,便成孤独寂寞之人。若太阴星有吉星及天梁、天寿、解神、天福等星扶持者,主先克父。

(注) 太阳入庙与落陷,不特在父母宫始为推断有无刑克的克应,在命宫或田宅宫亦然。所以对于"讲义"所述,不必尽拘泥于父母宫。

流年大限的父母宫,通常用来推断自己跟上司的关系。若太阳坐守,见禄马,主上司调动更换;若太阳化忌,则与上司发生意见;若见煞曜,则主受上司压力。

"太阳天梁"在父母宫,上司的成见极深,易生隔膜。

"太阳巨门"在父母宫,化吉,以服务异族为宜,可受特殊提拔。化忌,自身宜从事自由职业。

"太阳太阴"在父母宫,见吉则关系良好,见煞曜则良好关系的上司易于转换;见忌,防初时关系良好,却因误会转为恶劣。

四、武曲星

武曲星在五行属阴金,在天上属北斗星,化为财,是财帛宫的主星。在人命中,能发亦能败。武曲星最忌化忌星,则事业失败。会煞星,则焦头烂额,不堪收拾。最喜化禄,则财源涌到,事业发展,威名远震。在辰戌二宫,有左辅、右弼、天魁、天钺、文昌、文曲等会照,更遇化禄、化权、化科拱照者,最是上格。在巳亥二平宫者,有专门技能。若逢擎羊、陀罗、火星、铃星,乃是技巧的工作者。武曲命宫,在卯落陷,而贪狼在亥宫,有禄存冲照,或同度天马星,及其他辅星吉曜者,主人身体肥胖,或做事有气魄、有胆力、有作为,此英雄末路得遇贵人之象。若有擎羊、陀罗、火星、铃星、空劫、天刑者,则是军人武士或是杀猪杀羊、斩杀牲口的屠夫。化忌星寿元夭短。武曲在天罗、地网宫,与贪狼对宫,若化忌星有擎羊、陀罗者,主寿夭,或少年时有病有灾甚重;不化忌星者,三十岁后始发。武曲星在丑未二宫,则主少年享受,但有克星。在古书中,以武曲星宜男命,不宜女命,但当今社会,男女早趋平等,故武曲星临女命,则主女子而有男子丈夫气概。会照左辅、右弼、三台、八座等吉曜辅星者,为女中豪杰。更逢化禄、化权、化科及天刑入庙者,乃社会闻人。在陷地逢四煞者,刑克孤独。武曲星最喜天魁、天钺,如武曲入庙,有魁钺,无擎羊、陀罗、火星、铃星、空劫者,主握经济大权或为财政界要员,为大富大贵之格。如会禄存天马,更能在他乡远地发巨财。

(注)能与武曲同度及对拱的星曜,共有五颗,即天府、天相、七杀、破军、贪狼。古人对这些星曜组合的推断是:

"武曲天府同宫于子午,主有寿。"

“武曲天府四煞同，因财被劫。”

“武府同宫，左右昌曲，高第恩荣，见魁钺则为财赋之官。”

武曲为财星，天府为财库，所以同宫便基本上主吉利。纵有煞曜，不过是一时损失(不一定是被劫)。

“武曲贪狼同丑未，少年不利，三十后发福，先贫后富，悭吝之人。”

这是因为“武贪”具有很深物欲色彩的缘故，所以必须经过奋斗，然后才能发福。若少年享受，则可能影响以后的事业矣。

“武曲贪狼加煞忌，技艺之人。”

这项推断，是因为有煞忌则不宜经商，所以反宜以技艺谋生。在现代，可以看成是专门技能，如饮食业、雕琢业或外科医生、牙科医生。

“武曲天相同寅申，逢昌曲，主巧艺聪明。”

这是由武曲的普通性质即为技艺之故。但若同时再见左辅右弼，则主有权有势，此时武曲的性质又转化为权力。

“武曲七杀卯酉同，见擎羊，因财持刀。”

“武曲七杀火星同，因财被劫。”

“武曲七杀”是一个带危险性的结构。但“因财持刀”的性质，却可转化为军警、屠夫、外科手术等行业。读者亦应特别注意“讲义”中提到“英雄末路遇贵人”的格局。

“武曲破军巳亥同，难贵显，可经商。”

“武曲破军逢昌曲，一生寒士。”

这是古人认为不利的星系结构。但如从事工艺，则反主有特殊天赋。

武曲不喜见昌曲，因为彼此气质不同。亦不喜见陀罗、铃星，所以有“铃昌陀武，限至投河”的说法。其实不一定是投河自尽，而是指自己的作为将自己引导至失败。

古人说：“武曲羊陀兼火宿，丧命因财。”“武曲羊陀主孤克。”

“武曲四煞冲破，孤贫不一，破相延年。”“武曲火铃同宫，因财被劫。”这些即是武曲见煞曜时的不吉反应。

最坏是武曲化为忌星，主疾病或夭寿。祖德佳者，则转化为少年遭遇很重的灾病。

<table>
<tr><td>破军 武曲
巳</td><td>七杀
午</td><td>
未</td><td>破军
申</td></tr>
<tr><td>武曲
辰</td><td colspan="2" rowspan="2">武曲星系
组合图</td><td>天府
酉</td></tr>
<tr><td>七杀 武曲
卯</td><td>贪狼
戌</td></tr>
<tr><td>天相 武曲
寅</td><td>贪狼 武曲
丑</td><td>天府 武曲
子</td><td>天相
亥</td></tr>
</table>

(1) 命　　宫

武曲在命宫,主人面色青白或是青黑及青黄色。面型圆长,性情至刚至毅,处事果决。戌宫辰宫身瘦长。卯宫肥胖。其他宫位都身形小而声高大,其量亦大。与七杀同在酉宫,亦有身长高大者。逢禄存、天马、化禄、化科者,福厚。文昌、文曲同躔,有吉星扶持,出将入相,能掌百万雄兵,以武职最为相宜;文人则多学多能。与贪狼会照,必须遇合火星,方是上格。在卯宫立命,化忌星或有煞星者,有木压雷惊之灾。在酉宫会煞星,有意外之灾。立命子宫,会照破军、贪狼、化忌及煞星者,主有溺水之灾或是有投河的不幸。如与火星、七杀同度,就主为财利事业而遭遇到意外灾祸。再逢化忌星及大耗星,则有盗贼抢劫等事发生。如与擎羊、七杀、空劫同度,则因财利而持刀动武。如武曲与禄存同度,无空劫,虽能富有,但是损人利己的自私者。武曲在命宫,性情都主刚强,遇破军,成独夫的性格,一生必多是非。有左辅、右弼者,外刚强而内忠厚,武曲在子,有吉星及天马会照者,可以远涉重洋,遨游国外。

女命武曲星入庙,有男子丈夫气概,能握大权,更可富贵。最喜会照天府、左辅、右弼、天魁、天钺、禄存、天马,则是女中豪杰,处事果断,志气极高,富贵双全之上格。最恶化忌星落陷或会照煞星,主寿短凶亡,刑夫克子。若落陷化忌星,再会文昌、文曲、咸池、廉贞、天姚等星,则行为轻荡。如会有化权、化科、化禄、天刑者则否。武曲女命,主妇夺夫权者。

大限流年武曲星入庙,有吉星会照,主事业兴旺,财利茂盛。遇文昌、文曲、天魁、天钺,再化禄星,连升三级,主成大富。化权星,则事业发展,谋望有成。化科星,则地位崇高,名誉远震。武曲化忌或落陷者,则事业失败,金钱纠纷,困难重重。再逢擎羊、陀罗,则为钱财而发生讼词或狱灾。逢火星、大耗，有虚惊或火灾。遇空劫、大耗、破军者，有经济周转困难、事业搁浅的现象。

（注）判断武曲坐命的人，宜从事武职或文职，可视有煞无煞而定。有煞，宜武职；无煞，宜文职。

当有煞之时，又有两种情况的区别。有煞同官，宜武职文做；无煞同官，始宜从事军警刑法之职。

武曲最喜天府，最忌破军。但“四化”对武曲的影响却非常之大，煞曜的影响亦大，所以评断武曲星系组合时，必须留意煞化诸曜的影响。

本节“讲义”提到子、卯、酉三个宫度的武曲，都可能发生意外，可加以注意（其中子宫实为亥宫之误。在亥宫武曲破军同度，见贪狼化忌，再见煞，主意外）。

武曲不喜见禄存，这一点亦应注意。

“武曲七杀”容易成为带凶灾性质的结构，但古人认为是“破祖淹留，发财于远郡”。所以应详禄马躔度于何宫垣。

此外，“讲义”中未提到武曲跟桃花诸曜的关系。据“中州学派”所传，武曲见桃花诸曜，中年可以横发。但假如空曜煞曜同宫，则主横发后因色倾败。

女命武曲，主妇夺夫权。所以古人称：“武曲之星为寡宿。”必须妇夺夫权，然后可免刑克，否则易见生离死别。

现代社会的女命，武曲入度，会诸吉者，往往反无正式婚姻。辰戌两宫的武曲尤其如是。若见桃花及煞曜，则虽会吉，亦仅主表面风光，内心多感情上的不安，时生外向之心。

大限流年最不喜经“武破”的宫度，遇吉亦主是非。

大限流年碰到由流昌、流陀组成的“铃昌陀武”结构，须详原局的文昌、陀罗是否在三方冲合而定。若冲合，则主灾厄挫折。宜小心趋避，不可任性妄为。

大限流年亦不喜见“武杀”，见煞曜，或化忌，均主有意外。

(2) 兄弟(姊妹)宫

武曲临兄弟宫不和睦,无帮助。入庙二人。落陷一人。遇文昌、文曲、左辅、右弼,三位以上。逢七杀、破军者,只一人。见四煞、空劫者,无弟兄。

(注) 武曲守兄弟宫,可以参考“命宫”星曜的性质来判断。同时留意各类星曜组合的特性。

如“武曲七杀”在卯酉二宫同度,会擎羊或火星,皆主与兄弟姊妹或与同事同僚同学有财帛上的冲突。

受到破军的克制,则主自身受掣肘。

在与火铃同度的情形下,流煞会合,亦主争夺,引起是非。

若武曲化忌,有羊陀夹,则更主自己的财帛受到很大剥削。

(3) 妻宫(夫宫)

武曲星临妻宫,主刑克,生离再婚。入庙者,迟婚可免,以同年龄者为合格。入庙会吉星及文昌、文曲、化科者,主妻子贤能。有禄存、天马者,因妻得财。会天姚星,以自然相识自由恋爱者始能配合;父母之命,媒妁之言,必生悔恨,非克即离。遇七杀、破军者,三妻之命。武曲在酉宫,遇擎羊、陀罗、火星、铃星、破军、七杀者,主有意外灾祸,或因妻子而破财。女命武曲星临夫宫,会煞星、破军、化忌者,主再婚或继室、偏房,否则刑克极重,或无子女,或丈夫有不治之症,或丈夫不能人事,肺病吐血等症。

(注) 武曲守夫妻宫,男命比女命为佳。虽然主"妇夺夫权",但孤克的成分反而较小。

若"武曲破军"守巳宫,或"武曲天府"守午宫,为夫妻宫,见吉曜齐集,或七杀带财禄来会,主因妻财而致富——如"讲义"所言,见禄马,亦必须此两宫度始为上格,余官力量单薄,可能仅属靠妻子出外谋生,帮补家用。

女命武曲在夫妻宫,必须迟婚,然后才能遇到良好的对象。

武曲火星同度,主夫妻死别生离。

武曲化忌见煞,主丈夫无能;更见桃花,则是丈夫移情别恋,以致少夫妻生活。

以上资料可以补充"讲义"之不足。唯读者仍须详各星系组合的基本性质以作推断。

(4) 子 女 宫

武曲星在子女宫，贪狼星会照，四十后得子。有吉星，有三子或先女后子。有煞星者，一子。与天相星会者，先须祀继他人子，方能有子。遇破军，一子有刑克，唯破相过继者可免。七杀亦主有性格刚强或破相之子。遇化忌、四煞、空劫者，无子，有亦都刑克。凡武曲临子女宫者，均宜继室偏房生子，结发每多有花无果或无所出者。

(注) 武曲坐子女宫，主子女少。追随自己的后辈亦少。

"武曲破军"或"武曲七杀"的组合，跟子女易不和。

"武曲贪狼"的组合，子女或晚辈的风光恐难持久。单以子女言，则主极迟得子，亦主生婚外之子。

"武曲天相"，同样有婚外生子的情况。

武曲在子女宫，会七杀、擎羊、天刑，又见流煞者，主子女出生时需动手术。更化忌星，子女出生即有灾病。

武曲守子女宫，见左辅右弼，主得子女及晚幼之力；见昌曲不是。若禄马交驰，子女可能早离家庭自立，而自己提拔出来的晚辈，则易远离，或者疏远。

(5) 财 帛 宫

武曲星是财帛宫的主星。所以入庙会禄存、天马、化禄者，是大富之格。但无吉曜扶持者，则在劳心劳力中进财。遇破军，波浪起伏，财来财去，但终能积储。与七杀同度，白手起家。紫微、天相会照，财源丰足。逢擎羊、陀罗，因财遭灾。火星、贪狼拱照，富格，有意外之财。化忌星，为经济而生困难。遇空劫者，忙碌少成有破。

(注) 武曲为财星，而且带有实质的意味，不似天府之仅为财库，太阴则比较抽象(所以主财权或财务计划)。

"武曲天府"必须会禄存化禄然后始为富格。

"武曲贪狼"，见火铃同度则主横发，再见刑忌，则横发横破。

"武曲天相"，主凭特殊技能求财。但难成大富，不过丰足而已。

"武曲七杀"亦可横发，唯不宜见煞，否则仅主争财。

"武曲破军"遇吉曜仍能发财，但波澜起伏甚大。

"武曲独坐"最怕廉贞化忌来冲，主因赌博或女色倾家。

以上为武曲各星系在财帛宫中的基本性质，可参详辅佐煞化诸曜的会合，而推断其克应。一般情形下，不外出现下列几种情况：

离乡背井，破祖兴家；自身创业，白手兴家；以特殊技能兴家。

会煞忌刑曜的克应，可参考前述。如"武曲火铃同宫，因财被劫"，"武曲羊陀兼火宿，丧命因财"等征验。尤须注意"铃昌陀武"格局的破败倾向，以及"武曲七杀会擎羊"、"武曲七杀会火星"的凶验。

(6) 疾 病 宫

遇天马火星者，有咳嗽、吐血、肺病、气喘等症，或容易鼻衄、胸闷气结。会擎羊、陀罗、铃星、火星、天刑、空劫者，一生多灾或因病动手术。

（注）武曲属阴金，一般主呼吸系统疾病。若见四煞空劫刑耗，则主动手术。

“武曲天相”、“武曲破军”两种结构，见煞，多主破相。于疾病，“武相”主疮癍，又如植皮手术，又主小肠痛症。“武破”则主牙疾，尤其为牙周病。

“武破”见煞忌刑曜，加流煞冲合，并见阴煞、天虚等曜，为瘤肿。恶性即为癌病，多在呼吸器官，唯有时亦可为血癌。

“武曲七杀”亦有同样的倾向。此星系又主手足伤残，火星同度，煞刑并会，主由小儿麻痹症引起之伤残。

(7) 迁 移 宫

武曲会贪狼,海外作客,他邦得禄。化忌落陷,流落他乡。七杀、破军会照,在外心神不宁。会照擎羊、陀罗、火星、铃星、天刑、天虚、空劫等煞星恶曜者,主在外是非纠纷,思想消极。

(注) 命宫或财帛宫见武曲,颇有异乡发财的星系组合,如武曲破军、七杀,见禄马交驰之类。但迁移宫的武曲,却仅当武曲会合贪狼之时,可许他乡得财。

尤其是当安命丑宫,无正曜,对宫"武贪",或安命未宫,无正曜,对宫"武贪"的情形下,更宜异乡求财。

凡武曲坐迁移,必须见吉曜齐集,然后始主在异域贸迁顺利。若见煞忌,必生是非纠纷。

武曲化忌守迁移,会羊陀或羊陀夹,主客死他乡。会廉贞化忌,主交通意外。

(8) 交 友 宫

会贪狼、咸池、天姚,多酒肉之友。遇破军、大耗,为朋友破财或施恩与人,反遭怨恨。逢七杀,须防卖友之客。最喜会照天府星入庙,再会吉星者,食客三千。

(注) 武曲守交友宫,一般情形下交游不广。"武曲天府"为例外的结构。

武曲化禄于交友宫,主自身心神不安,日夜奔波,为友人或下属而伤神。

但当武曲化忌之时,却又主受下属侵吞,或为下属的错误而招致损失。

"武曲七杀擎羊"及"武曲七杀火星"的不吉克应,在交友宫亦有效。

若武曲在交友宫,文曲化忌同躔,则主受骗。

于判断武曲坐交友宫的性质时,须详各星系基本性质而定。

(9) 事 业 宫

武曲临事业宫，最宜武职，但经商亦主事业鼎盛。会化禄、化权、化科、禄存、天马者，为财政要员，掌握经济大权。遇破军、天刑，出身军旅。逢七杀，为国立功。与左辅、右弼、天魁、天钺、文昌、文曲会照，乃将相之材，威烈边疆，号令百万雄师，尤以酉子二宫，无煞会为得地。与贪狼同度，有经商暴利的行为，或为政贪取的意味。化忌星，则事业颠簸，常有进退不决的反应。逢擎羊、陀罗、火星、铃星、空劫、大耗者，多谋少成，纠纷困难。

(注) 武曲守事业宫，古人有如下的评价：

"武曲魁钺居庙旺，为财赋之官。"

"武曲贪狼，必为墨吏。"

"武曲带煞居官禄，不宜火旺。否则大小二限重遇，主剥官卸职。"

在"中州学派"的传授中，又有"武曲天相"、武职文做或文职武做的说法。

若"武曲天相"再见文曲，更见桃花诸曜，则为伶人。

以上古人的说法可以参考，与"讲义"互相补充。更宜参阅各星系的基本性质来决定事业的性质。例如"武曲闲宫多手艺"(寅申卯酉巳亥均为"闲宫")，即是一项非常准确的征验。

大致而言，武曲与煞曜同宫，不主武职；有煞曜会合，反宜武职荣身。除武职之外，任财经之职，或依工艺发身，皆可详星曜组合性质而定。

(10) 田 宅 宫

武曲星入庙，能得祖产。逢破军、空劫、大耗，家产破荡。与天府星会照，能发能守。与天相星会照，先败后成。与贪狼星在辰、戌宫冲照者，三十岁后能增产业。贪狼、火星同会，则产业增加。化忌星，则因产业发生纠纷。会四煞、空劫、大耗者，有进有退。武曲星临田宅宫，为吉曜祥星。

(注) 武曲守田宅宫，火星同度，更见天虚、大耗等曜，主火灾。流年遇之，有流煞流化忌冲会，即为克应之年。

一般而言，武曲守田宅宫，可视为产业增加之兆。最喜贪狼带火星同会，主产业骤然增加或由产业致富(不主火灾)。

所以在武曲诸星系中，“武曲贪狼”最利田宅，“武曲天府”次之，“武曲天相”则宜买旧宅。

独嫌化忌，主因置业而成破耗、纠纷。但亦另有一种意义：若田宅宫武曲化忌，会廉贞化忌，则宅中有人死亡，尤对老亲不利。

(11) 福 德 宫

武曲星为财星,临福德宫,能享福,但须会吉星及入庙者为合格。会贪狼、咸池、天姚者,有花酒之乐。贪狼、火星同会,则快乐享受。落陷者,劳心劳力。化忌星,费精费神。与破军、陀罗会,奔走忙碌。遇七杀、天马,形神碌碌。与天相星同度,能享晚年清福。

(注) 武曲喜临福德宫。一般情形,主享受。但却亦主精神享受,以物质享受为基础,所以缺乏风雅的意味。

武曲若受制于廉贞(如于三方四正见廉贞化忌),则反主精神上有挫折感。

武曲与破军同度或会照,见煞,均主奔波不安。

“武曲贪狼”同度,见桃花主风月,见文曜亦主风月,不可视为风雅。

(12) 相貌(父母)宫

武曲星躔相貌宫,主刑克父母。入庙有吉星扶持者,过继或离居可免。若少年祖产破耗者,可免刑克。会遇天府、天寿者,可免刑克。如会擎羊、陀罗、火星、铃星、空劫、天刑者,克星甚重。

(注)武曲带孤克的性质,所以不利父母。若武曲化忌,羊陀夹,主须二姓延生。否则先克母,再克父。

众多武曲星系组合中,仅“武曲天府”的结构,较少刑克之意。而以“武曲破军”、“武曲七杀”的刑克最重。

“武曲天相”逢“刑忌夹印”之局,刑克亦重。唯“财荫夹印”之局始主父母长寿。

凡刑克重者,宜早岁离家或过继出祀,可以减轻。

若以父母宫推断跟上司、老板的人际关系,亦不以武曲为善曜,所以逢武曲居父母宫,多频频转换工作环境。唯最喜逢“财荫夹印”的武曲天相,主受提携扶持。

五、天同星

天同星在五行属阳水，在天属南斗星群，化作福星，是命盘中福德宫的主星。禀性温和，不畏擎羊星的凶焰，不忧化忌星捣乱。所以天同星在午宫与擎羊星同度，称为“马头带箭格”，反主为国效劳，掌握兵符大权，是立功战场的大将。在戌宫称作“反背”。若是在辰宫见到化忌星，而同时会到禄存或化禄者，反为上格，能富能贵，此否极泰来之象。

（注）天同为福星。所以有“居十二宫中皆为福泽”的说法，不过这个说法实在相当片面，因为它的福泽，可能要先经艰危困苦而来。

天同为纯粹精神型的星曜，所以在一般情形下，嫌其人过分情绪化，因而影响事业，必须经过艰危，然后始有奋发之心。

所以天同喜欢煞曜的激发，亦喜欢化忌的冲激，此即“马头带箭”以及“反背”的意义。

天同 巳	午	未	申
天同 辰	**天同星系组合图**		太阴 酉
天同 卯			巨门 戌
天同 天梁 寅	天同 巨门 丑	天同 太阴 子	天梁 亥

(1) 命　宫

天同星临命宫,主人肥满,眉清目秀。长方面,略带圆形。面色黄白。为人性情温良、谦逊而不外傲,心田慈厚,禀性耿直,志趣高超,思想聪敏,能学能成。与天梁会合而有左辅、右弼、天魁、天钺、文昌、文曲等吉星照会者,福厚寿长。遇禄存照会,最为上格,财福双美。最恶躔亥宫化忌星,主刑克孤单,为他人作牛马;或破相病灾。但以会照擎羊、陀罗、火星、铃星、空劫、天刑者为是,否则主有化解。

女命天同星,主人聪明机巧。入庙有吉星会照,及禄存、化禄拱照者,帮夫教子,福禄双全。与太阴会合,喜修饰美容,财禄虽足,但福不全。有化禄、化权、化科者,则福足,但以迟婚为宜。陷宫逢擎羊、陀罗、火星、铃星、空劫、天刑者,主刑克或离异,以继室、偏房为宜。

大限流年天同星躔度入庙,有吉星者,添财增福,事业发展有新机会;迁居新屋或出外游历;增添人口,喜气洋洋。如天同星落陷或会照擎羊、陀罗、火星、铃星、空劫、天刑、大耗者,主做事多变,有倾家、官非、破产、虚惊、刑克、疾病等情。有化禄、化权、化科会照者,先凶后吉或先破财后进财。

(注)跟天同有密切关系的星曜,为太阴、巨门、天梁。或同度,或相对。

古人对天同星系的一些评价如下:

"天同守命,会吉寿元长。"

这是指天同的普通性质而言。

"天同太阴同在午,加杀重,肢体羸黄。"

天同坐命者一般肥白,至少亦体态丰盈,唯在午宫时,因受到同度落陷的太阴影响,以致黄瘦,此可作为确定命盘时的征验。

“天同太阴居午垣，擎羊同度，为马头带箭，主威镇边疆。”

这是一个斗数中的大格，主人经历艰难而有成。

“天同太阴居子垣，禄存同度，左右逢，主贵显。”

子宫的“天同太阴”不须擎羊的激发，因为同度的太阴入庙，所以喜见辅佐诸曜，主清贵。

在卯酉二宫的天同，与太阴相对，则必须会禄，始能合格，主乐天享受。

“天同巨门”同居丑未，结构有严重缺点，必须化禄然后吉利，但仍不免内心有隐衷。

这种情形，则跟辰戌二宫的天同相似。此二宫垣的天同，与巨门相对，化禄则吉，化忌则凶。

天同本身已属情绪化重的星曜，再受巨门暗曜的影响，于是便成为隐痛，多不足为外人道。

“天同天梁寅申守命，甲乙丁人福厚。”

这仍然要天同化禄或者化权，然后始能合格。可是，这又是“机月同梁作吏人”的格局，读者可以参看天机一节的叙述。

当天同与天梁相对时，比较易生缺陷，所以古人说：“天同居巳亥，会四煞，残疾孤克。”尤其是亥宫，天同化忌为最劣格局。

在上述的格局中，除了“马头带箭”为特殊格局之外，还有一个“反背”之格，即古人所说的“天同戌宫为反背，丁人化吉主大贵”。这个格局是天同在戌宫化权，会寅宫的太阴化禄及天机化科，同时会辰宫的巨门化忌，四化齐会，而天同之化权恰能平稳情绪，所以可解巨门的阴暗，而巨门的化忌却又成为天同的激发力，由是转化为良好的格局。如无四化齐会，则不成“反背”之格。

女命天同，嫌意志力薄弱。所以古人有以下的说法：

“女命天同太阴同宫，虽美而淫，偏房妾侍。”

“女命天同天梁同宫，宜作偏房。”

古人对于天同坐女命的观点，其实更可从下述资料看得更清楚：

“女命天同必是贤。”但这格局却有条件：

“子生人命坐寅。”（喜天马在对宫）

“辛生人命坐卯。”（喜对宫太阴得禄）

“丁生人命坐戌。”（即“反背”格）

“巳亥逢之，纵化吉，虽美而淫。”（不喜天同天梁相对的格局）

天同在流年大限命宫，一般均有“更新”的意味。但有时却为感情上的“更新”，最宜注意。

逢四煞刑耗空劫，许多时候仅主精神上的困扰，或主疾病。

(2) 兄弟(姊妹)宫

天同星临兄弟宫入庙者,弟兄四人以上。落陷,二人。与太阴星同宫,五人。与天梁同宫,三人,但有暗争。与巨门同宫者,三人,有口舌之争。逢擎羊、陀罗、火星、铃星、空劫、天刑者,有刑克不和,离居为宜。

(注)天同在兄弟宫,入庙,一般情形下,兄弟姊妹众多。落陷则稀少。只有在寅申二宫、"天同天梁"同度、煞刑并见的情形下,主有姊妹而无兄弟。

如用来观察同僚及事业伙伴,则嫌软弱无力。虽和好,助力亦不大。

在"天同巨门"临兄弟宫的情形下,见昌曲或见红鸾天喜,有各胞的兄弟。

(3) 妻宫(夫宫)

天同星在妻宫躔度,必须迟婚,方能偕老。或在早年已经订婚手续,后已解除婚约者为宜,否则多变动;三妻之命,妻子必须小配可免。若天同星临陷宫,再会照擎羊、陀罗、火星、铃星、空劫、天刑者,主分居两地,或离婚,或刑克病重。与天梁星同度,离婚后再娶相貌美丽之女。天同星妻宫,以同居不举行结婚仪式者可免离异。女命天同星临夫宫,有吉星扶持者,可免离婚。逢擎羊、陀罗、火星、铃星、化忌者,宜继室偏房,或迟婚,否则远离;或徒有夫妻之名,而无夫妻之实,空有虚名;或则离婚再嫁。有天刑星在夫宫而落陷者,都刑克不利。会照巨门星,更主口舌连连,精神不痛快。

(注)天同躔于夫妻宫,一般情形下多主不利,必须迟婚,而且男子宜娶比自己小八年或以上的妻子,女子宜嫁比自己大八年以上的丈夫,然后始无两度婚姻。

男命夫妻宫“天同天梁”,离婚后再娶,后妻胜前妻;若为“天同巨门”,则主有外遇同居;最佳为“天同太阴”的组合,得妻貌美。以上性质,以不见煞忌为确。

女命夫妻宫“天同天梁”,婚姻有波折,长配可免异离;若为“天同巨门”,多感情纷扰;“天同太阴”则主自身易生外向之心。

见辅佐诸曜,有时反为第三者的表征;若见煞刑曜重,则又主刑克生离。所以凡夫妻宫见天同星系,必须将命盘作全面观察,然后始能判断趋避之方。

(4) 子 女 宫

天同星入庙，临子女宫，主有子女五人以上，以第一胎见女为佳。太阴星同度，女多子少为贵。与天梁同度，亦以先女后子为顺，主有二子。与天机会，二子或迟得。有煞星落陷者，一子送终。在午宫有刑克或破相，过继或远离能免刑克。有煞星，以祀他人子为宜。

（注）天同为感情浓厚的星曜，居子女宫，主与子女感情易沟通，且追随自己的晚辈或手下人亦有情感，但嫌软弱怕事。

“天同太阴”或“天同天梁”的组合（同度或对拱），见煞忌刑曜重重，得子女可能弱智。必须详察大限流年，始决定生育。有时原局子女宫不吉，逢怀孕之年见上述星曜组合，亦可能生育弱智或自闭症的儿童。若见流煞、流化忌，将原局的煞忌重重冲起，尤须小心。

(5) 财 帛 宫

天同星在财帛宫，主白手成家或以薄资起家。与天梁同度，财禄茂盛。与太阴星同度，有意外收获。与巨门同度，有进有退，财难积储。与禄存、化禄、天马会照者，主富有。逢擎羊、陀罗、火星、铃星、空劫、凤阁、龙池者，由艺术技巧起家，有名士潇洒风度。

（注）天同喜居财帛宫，主白手兴家。这种性质，比居命宫更为的确。

在天同各星曜组合中，以“天同太阴”见禄的组合最利财源；天同与天梁同度尚可，与天梁对拱，并不主富有。会诸吉或禄马交驰，然后始可藉商业经营发财。“天同巨门”的组合，最难积聚财帛。宜专业工作，传播事业。带吉辅，则可从事法律、外交。

天同在财帛宫，若从商，宜经营带享受性质的行业。“天同太阴”的组合，尤宜经营以女性为顾客对象的生意。

(6) 疾 病 宫

天同入庙者灾少。疾病主阴虚不足,肾脏、膀胱、尿道、疝气、子宫及淋病、痔疮等症。与天梁星同度,主有肝胃气痛。太阴星同度,主胸闷、水胀、脚肿、湿气、瘫痪症。

(注)天同属阳水,故表征为膀胱、肾脏等水道之疾。将性质扩大,便成为淋病、疝气与痔疮。此种疾病,以天同、天梁的组合(同度或相对)最易患。

天同、天梁除主"下部疾患"外,又为心气痛的表征。所谓"心气痛",其实即肝胃气痛。但于刑忌齐会之时,则主心肌栓塞。

天同、巨门的星曜组合,主有"隐疾",以神经痛为最常见的表征。

天同、太阴的组合,则主气虚,引致诸般亏损疾患。

(7) 迁 移 宫

天同星在迁移宫，主出门得福。与天梁星同度，出门主得贵人扶持。与巨门同度，虽能在外创业，但多烦恼口舌。与太阴同度，出门能发，但奔走忙碌。会照擎羊、陀罗，出外多是非灾祸。火星、铃星、天刑在外，有斗争不安。逢空劫、大耗，旅途失财或在外破耗，滞留他乡。入庙者可免，但终不安。

（注）在天同各星系组合中，以见天梁同拱最宜出门，因这两颗星曜本身已有流浪天涯的色彩。

天同与巨门的组合，亦可出门，唯巨门为是非口舌之星，故出外多口舌纠纷。

天同受太阴那种移动不常的性质影响，故表征为出门奔走忙碌。

读者能掌握上述基本性质，即易由辅、佐、煞、化诸曜的会合，推断出更具体的克应。

(8) 交 友 宫

天同星临交友宫,主交多方面的朋友。入庙有协助。与天梁或太阴同度会照者,主得益友。与巨门同度,易遭误会或不谅解。与擎羊、陀罗同度会照而落陷者,主受朋友之累或牵连,或遭手下人之不义陷害。遇火星、铃星,因朋友受闷气。逢大耗、空劫者,因友破财。

(注) 天同带感情,而且随和,所以可交各方面的朋友,唯必须带辅佐诸曜,煞曜少见,然后始有助力。

最不喜见巨门,因为巨门遮蔽天同,使情绪上出现阴暗面,因而就易与友人或下属产生误会。见煞重,则主误交匪人。

见天梁同拱,主得诤友;见太阴同拱,主得知交,彼此气质相投。

由上述基本性质,即可再据其所会合的辅、佐、煞、化、杂曜,作出具体推定。

(9) 事 业 宫

宜白手创业或由小发大。与化禄、化权、化科会照,事业鼎盛。与巨门同度,由艰难奋斗中成功。与太阴同度,宜在已成局面下谋发展。与文昌、文曲会照,主在文化艺术中求进取。若在陷宫,以公众机构中任职员或在机关部门中任科员。与天马、陀罗会照,业务多变动,多纠纷。会擎羊、天刑,事业上多讼事纠纷。会照火星、铃星者,处事多逆境。与空劫会照,事业由幻想中发动,或由艺术技能起家。

(注) 天同见吉(尤其是见禄),主白手创业,所以必历艰辛然后有成,尤其是在有父业遗留下来的情况下,更主破尽父业然后自创。所以天同虽为福星,其所称为“福”的情形,未必尽如人意。

只有在“天同太阴”同度,且见吉曜的情形下,才主能守父业(或守现成的事业),这是因为太阴带有财帛的意味。

“天同天梁”宜任公职,即见禄权科会,亦只宜在企业任监察的职务。如自己创业,则必须组有限公司,自己退居幕后,仅担任监察管理行政职务。

“天同巨门”,事业常易半途而废,故以从事不需重大投资的行业为宜。由于巨门主口舌传播,故亦宜担任广告、电台、报刊等职务。但应以消闲享乐为主要性质。

天同主享受。故凡天同坐事业宫,皆宜行业带美观及享受的性质。

以上为基本性质,会照辅、佐、煞、化诸曜,则仅属变化。

(10) 田 宅 宫

与太阴同度,宜养鱼或种植树木花果,主大富。与天梁同度,产业有进退。与巨门同宫,不宜置产。会照擎羊、陀罗、火星、铃星、空劫、大耗者,无产业。

(注) 天同守田宅宫,一般均主可以自己置业。最喜太阴,同度或对拱,古人认为可由购置鱼塘果园致成大富。在现代社会,尤其是生活在商业城市的人,可以将此项征验改为购置宁静地点(或静中带旺)的住宅。

天同、天梁的组合,只宜物业经纪。

天同、巨门的组合,主因置业招惹损失。

天同虽为福星,但在一般情形下,不利购置田宅,是因为天同仅主精神上的福泽,不主物质上的收获。

凡天同居田宅,所服务的公司以带装饰、享受色彩,为有商业艺术色彩者为宜。

(11) 福 德 宫

天同星是福德宫主星，主享福，能快乐。与天梁同度，自然安乐。与太阴星同度，亦主安逸享乐。与巨门、陀罗同度，自寻烦恼。

（注）天同主精神享受，福德宫正是推断一个人精神享受的宫垣，所以当天同坐守福德宫时，一般主其人精神生活丰足，有生活情趣。科文诸曜会合，尤主其人格调高雅。

巨门不利精神与情绪，故仅当天同、巨门组成星系之时，始主精神享受有阴暗面，或为内心痛苦(尤须注意见陀罗则自寻烦恼的特性)。

唯天同的精神享受，有时是因为各方面事务已有人代为安排，因此天同守福德宫时，会的吉曜太多，又见空曜，便可发展成为惰性。

见化忌，多主烦躁不安或是非纷扰。

(12) 相貌(父母)宫

天同星入庙,临相貌宫,主父母双全,无刑克。唯与巨门同宫,则父子间有意见。遇擎羊、陀罗、火星、铃星者,幼年须过继或祀出,否则刑克。会空劫、天刑,亦主克。

(注)天同守父母宫,一般不主克害。但见巨门或天梁却都有基本缺点。见巨门易生代沟,已见述于"讲义";见天梁则父母间可能有婚姻波折。

各星系中,以"天同太阴"的组合最好。唯却不宜见太阴化忌。

由于以上的性质,所以当天同守父母宫时,一般皆主很难调处跟上司、老板的关系。

六、廉贞星

廉贞星在五行属阴火，在天属北斗星群，化为囚。在命盘是次桃花。但廉贞在未宫守命，化禄星或在寅、申宫守命，会禄存，反是清白上格。在未宫、申宫、卯宫，有吉星会照，不遇四煞空劫者，都主富贵双全。在戌宫与天府同度，主声名远扬。在巳宫与贪狼同度，无煞曜，主为军政要人。廉贞、七杀在未宫同躔，或者廉贞星在申宫，而七杀星在午宫，有吉星会照，无四煞、空劫、刑耗冲破者，是富贵双全之上格，称之“雄宿乾元格”。因为廉贞的阴火与七杀的阴金相制为用，好似荒山矿石经火煅炼后，乃成极名贵的原料。廉贞在巳、亥二宫，有忌星或煞曜，则主四海奔走。无论军人、商人都主在外风霜雨雪，艰苦劳碌。如与擎羊、陀罗、火星、铃星、天刑、大耗、化忌、空劫会照，而无吉星化解者，主客死他乡。廉贞命宫有天月星拱照，无吉化，会煞曜，主染病他乡。

廉贞在紫微斗数中，是一个变化极大的星曜，现在且将它详细地分析在下面。

(注) 跟廉贞有重要关系的星曜，为天相、七杀、破军、天府、贪狼等五曜。或同度，或对拱，构成各组星系。

由于廉贞为重感情、欠理智的星曜，但跟它有关的五颗星曜，却偏偏带有不同的物质色彩，所以便形成相当复杂的特性。

本节介绍了廉贞的两个主要格局——“廉贞清白格”(未宫化禄，或寅申宫见禄存)以及“雄宿乾元格”(在未宫见吉无煞，或在申宫见吉无煞)，两个格局都在未、申二宫，前者为“廉贞七杀”同度，后者为“廉贞独坐”，在斗数推断中非常重要。

比较上差的格局，是卯酉宫的“廉贞破军”，与及巳亥宫的“廉贞贪狼”。破军主大幅度的改变，伤害感情；贪狼主物欲，跟廉贞重感情的性质冲突，所以它们的组合，便容易显出弊端。

廉贞 贪狼 巳	破军 午	天府 未	贪狼 申
廉贞 天府 辰	**廉贞星系组合图**		天相 酉
廉贞 破军 卯			七杀 戌
廉贞 寅	廉贞 七杀 丑	廉贞 天相 子	亥

(1) 命　　宫

廉贞星临命宫,主人眉宽口阔而颧高。面型圆瘦或长型。脸色黄或略带黄黑色。与天府同宫,主肥胖,皮肤粗黑。与贪狼同度,中型身材,以皮肤黄白为合局。廉贞星在命宫,主人心硬性狠,浮荡暴躁,容易忿争,不拘礼节。唯与天府同度,内心宽厚。贪狼同度,外表圆滑。入庙最宜武职。与七杀同度,遇化忌及擎羊、陀罗、火星、铃星、天刑等煞星会照,马革裹尸。逢紫微星,威权显赫。再会禄存、化禄、天马,则富贵双全。与文昌、文曲会,反好礼义,喜音乐。最恶落陷,则纸醉金迷,流连酒色赌博之乡,且因酒色赌博,而有讼词口舌之争。最忌破军星与七杀星拱照迁移宫,主客死他乡。逢擎羊、陀罗、火星、铃星、空劫、天刑,有不测之灾祸,有刑戮之危,或因病灾动手术而亡。与破军、天刑在酉宫,主有覆车兽伤之祸。在迁移宫亦主有同样遭遇,但须会照忌星煞曜方合。若廉贞星落陷化忌星,有脓血之灾。如会照破军、天刑,再逢火星而在陷宫者,生自杀短见,投河或自缢。若化忌星会照武曲、破军,有意外压伤及蛇兽咬伤。在子、午、卯、酉宫立命,丙年生人,横发横破。戌宫立命有吉曜,主由空幻中打天下,成大事,立大业,声名远扬,但亦有成有败。会擎羊、陀罗、火星、铃星、空劫,风波周折。

女命廉贞星临命宫,三方有吉星会照者,为命妇,主富贵双全。入庙逢禄存、化禄,贞烈之妇,聪明机巧,助夫教子。若会照擎羊、陀罗、火星、铃星、空劫、天刑者,刑夫克子,孤独之命。与贪狼、破军、文昌、文曲、七杀会照者,刑克或离婚,以继室、偏房或不举仪式之同居为宜。

大限流年廉贞星躔度入庙者,并有吉曜扶持,主有财有福,且能积储,事业发展,地位高升。最怕天刑及忌星同临,主有脓血之灾。擎羊、陀罗、火星、铃星、天刑、忌星会照,有牢狱之灾。再遇破军、七杀、贪狼等星冲照,性命堪虞。

（注）廉贞最喜与天府同居辰戌。尤喜“廉府”见昌曲，则因天府的保守性格，以及昌曲之优雅风格，能使廉贞亦变为风雅高尚。古人云：“廉贞遇文昌，好礼乐。”“遇帝座则主执威权，遇昌曲则施礼乐。”即是此格。

“廉贞天相”同宫子午，虽然亦能会照紫微，但必须得巨门化禄或化权相夹，或遇禄存，然后始主富贵，且须不见煞忌。若见火星同度，又会照天刑，则受对宫破军的影响，主自杀；或因自身的错误招致倾败。所谓“廉贞破军火星居陷地，自缢投河”，固然指“廉破”星系，但本星系亦是。

“廉贞七杀”居丑未，是一个很复杂的结构。一方面固然可以构成“雄宿乾元格”以及“廉贞清白格”，但如不入格时，必须不见化忌，无煞会，然后才能合“廉贞七杀显武职”的性质。因为它得会紫微帝座，有化杀为权的功能。见禄马，亦能成富贵。

但若见煞刑忌曜，武职者，主战死沙场；担任警界职务者主殉职。

“廉贞破军”同度于卯酉，是一个带有危险性质的结构。古云：“廉破火铃同宫，狼心狗肺。”“廉破加四煞，公门胥吏。”可见破军的性质与廉贞冲突，形成不良的组合。“廉破见天刑于酉宫，有覆车兽伤之祸。”“廉破火星居陷地，自缢投河。”这是其危险性的征验，尤其是主祖业凋零，更增加人生的艰苦。

但“廉破”星系亦有“反格”，即当廉贞化为忌星之时，反主横发横破。

这个星系，必须见禄存、化禄，又见昌曲，煞刑曜少，才能改善性质。

“廉贞贪狼”同度于巳亥，古人对这星系评价甚差：“廉贞巳亥宫守命，主下贱之孤寒，弃祖离家。”“廉贞贪狼，男浪荡，女贪淫。”其实这对星曜，如果会合的星曜良好，则可情理兼顾，而且带风雅的色彩，在现代社会，可从事设计，并不如古人说得那么差。

一般而言，廉贞喜会紫微、天府。更见昌曲禄马，则可由理想创成事业。不喜会武曲、破军，于煞忌刑凑会之时，主生意外。与羊陀同度，又化忌星，则多为脓血之灾。

女命廉贞，古人仅认为“清白格”相宜。若安命于辰戌、丑未四宫（即“廉府”、“廉杀”）而无禄存化禄会照，则主下贱。这种情形已不合现代社会。今日的女命，应同男命推断。

大限及流年遇廉贞守命，不喜白虎飞廉，主惹官非。不喜化忌见刑煞，其性质同命宫星曜。

(2) 兄弟(姊妹)宫

廉贞星临兄弟宫入庙者,主有弟兄二人。天相星同度,亦主二人。会左辅、右弼、天府、文昌、文曲、天魁、天钺等吉星者,见五人留三人。遇擎羊、陀罗、火星、铃星、空劫、天刑者,主刑克病灾,或分居不和。

(注) 廉贞守兄弟宫,一般感情融洽,但兄弟不多。即使见辅佐吉曜,亦不超过五人。否则即有异胞兄弟姊妹。

所以同时亦主得力伙伴同事稀少。见吉集则得力,见刑煞集则无力。

"廉破"在兄弟宫,更见火星,知交易成仇怨。

(3) 妻宫(夫宫)

廉贞星临妻宫有吉星扶持,会天府星而性情刚强者,免克。无吉星者,分居生离,或离婚。化忌星者,离婚再娶。落陷者,三妻之命。逢破军、七杀者,亦主离婚不和,否则刑克。应擎羊、陀罗、火星、铃星、天刑者,主刑克,或因男女事发生讼词争斗等情。化忌星,更主因男女事发生口舌烦恼。女命夫宫,廉贞星躔度,主刑克分居,继室为宜。会照煞星恶曜,以偏室同居可免刑克,否则结果不佳。或有夫徒负虚名。

(注)于夫妻宫中,廉贞绝非善星。古人认为主夫妻纷争不和,甚至生离死别,见煞忌刑则无论男女,皆主三度婚姻。仅于会照天府的情形下,夫妻不和则可免克。

廉贞不利婚姻的性质,是因为它既带浓厚的感情,亦重视精神生活,但意志力薄弱,因此就容易发生变化。古人盲婚哑嫁,廉贞坐夫妻宫时,配偶每难对婚姻感到美满,再加上凡廉贞坐夫妻宫时,命宫的星曜皆欠感情稳定(如在丑未宫的天相、"紫微贪狼"、在寅申宫的七杀、在辰戌宫的破军等),因而就易生口舌纷扰,以致生离死别(长期婚姻生活不愉快,应该亦会影响健康,而且廉贞之不吉,主要在生离)。

所以女命必须偏房然后始可免刑克,连作为继室都不能获吉,原因就是丈夫一般疼爱少妾,所以便可藉后天人事来加以补救。

在现代,女命夫宫廉贞见煞,可以配年长之夫以为匡救;男命则宜配年少之妻。

了解到这个基本性质,则可详各星系的吉凶会合,推断婚姻的情况。而且便能理解古人一些推断的本质——如"有夫徒负虚名",以及配偶每有外遇、男命离而再娶美妻等征验的原因。笔者在《中州学派紫微斗数讲义》中提出许多征验,均可由此性质理解。

(4) 子 女 宫

子女宫有廉贞星,最喜会天府星,主得贵子,计三人。天相同度,主二人。廉贞星入庙,独临子女宫,主一子独秀。落陷有刑克。化忌星,多病灾或破相。与贪狼、破军、七杀会照,亦主有刑伤。逢擎羊、陀罗、火星、铃星、天刑、空劫者,刑克,须立祀子。

(注)廉贞喜入子女宫,主父母子女之间感情深厚,纵有误会,亦易化解。

所以一般情形下,亦主亲近的晚辈与自己少隔膜。

但由于"廉贞贪狼"、"廉贞破军"的星系组合易呈缺陷,所以在煞刑并见的情形下,尤其是"廉破"有火星同度的情形下,每每会因各种缘故,招致子女或亲近的晚辈以怨报德。

廉贞在子女宫,又主子女稀少。这是星曜的特质。

(5) 财 帛 宫

廉贞星会贪狼,主横发横破。廉贞、七杀在未宫,是大富。与天相同度,主富裕。逢擎羊、火星,能横发。在陷宫,于艰难中得财。化忌星,因财生灾或因财而多烦恼。遇大耗、空劫,须防盗贼。如化忌、擎羊、陀罗、空劫同遇,主因涉讼破财。

(注)廉贞在财帛宫的特质,是在竞争是非中求财,以及易惹词讼破财,或被人侵吞偷盗。所以在财帛宫中,并非善星。

能成富格者,只有"雄宿乾元"一格。若"廉贞天相"同度,成"财荫夹印"的格局,亦主富裕。

但"廉贞天相"亦有横发横破的性质,主要原因是"廉贞天相"居财帛宫时,命宫必为"武相"对贪狼,故喜见火星。擎羊则能对"廉相"产生激发力。

"廉贞破军"守财帛宫,亦喜命宫的"武曲贪狼"带火星,会入本宫,亦主横发横破。

凡横发横破的趋避,是"见好收篷",得意不宜再往。

(6) 疾 病 宫

主阴分虚亏、肝阳上升、流行性感冒、贫血、失眠、咯血、手淫、意淫、遗精，女子经期不准、经血不足，及淋病、梅毒等症。主心火躁急。

(注) 廉贞为阴火，故于疾病，便主阴分虚亏，心火躁急。

但当廉贞与其他星曜相会时，每以此基本性质转化为别的病征。

如"廉贞贪狼"主性器官病，子宫不正，妇女暗病。

"廉贞天相"为糖尿病、结石。

"廉贞七杀"为肺病、咳嗽、鼻敏感。

"廉贞破军"亦主结石，并主意外受伤。

廉贞对煞忌刑曜非常敏感，且少抗御之力，因此在会见诸凶的情形下，病征往往转变为重病。如由血病转化为血癌之类。

(7) 迁 移 宫

廉贞星不宜坐守血地，临迁移宫以出门为利。最忌逢破军、七杀、天刑、化忌星及大耗，主客死他乡。与贪狼同度，做事有精神，多应酬交际，费心劳神。天相同度，出门得利。遇七杀，有禄存或化禄会照者，主在外发财。如会煞星、化忌者，主在外因财生灾或因酒色生祸。凡会遇四煞、空劫、天刑及化忌者，主在外遭遇凶祸灾非。

(注) 廉贞在迁移宫，一般主通达吉利，在异乡多人缘。

但亦有两个著名的格局，主人客死异乡，或生交通意外——“廉贞破军会擎羊于迁移，死于外道。”即“廉破”守迁移宫，擎羊、天刑同度。当流羊叠并之年，或廉贞化忌之年，出门主死于异乡。即使会吉，亦主伤残。

“廉贞七杀同位，路上埋尸。”

凡命宫或迁移宫见“廉贞七杀”，见廉贞化忌，冲叠武曲化忌，有羊陀会照，或擎羊同度，为流羊流陀冲起，主有交通意外。

此外还有一个重要的克应——凡廉贞坐迁移，七杀、贪狼、破军同度或相会，见文曲化忌，主出门受骗，或失窃。

(8) 交 友 宫

廉贞入庙，主交友广阔。会照吉星、禄存或化禄者，主因友得财。与贪狼、咸池、天姚、大耗同度会照者，主多酒色好赌的朋友。落陷化忌，有煞曜，受朋友之拖累。遇破军、七杀，会照擎羊、陀罗、火星、铃星、天刑、空劫、大耗者，主因友受牢狱之灾，并主损财；或被手下人所陷害破耗。

(注) 廉贞坐交友宫，虽交游广阔人缘佳，或主手下人众多，但知心得力者却稀少，且易结交损友，或受手下人拖累牵连而惹灾耗。

较差的宫度，是“廉贞七杀”与擎羊同度、“廉贞破军”与擎羊同度、“廉贞破军”与火铃同度、“廉贞破军”或“廉贞贪狼”与文曲同度，皆易招惹小人巴结，以致受其欺诳或牵累。

故凡廉贞在交友宫者，交游须慎，对手下人尤须注意，远避阿谀奉承之辈。

(9) 事 业 宫

廉贞入庙,武职显赫。有吉星会照,主富贵双全。与贪狼同度,宜从事外交及交际应酬的事务,或对外接触的事业。与文昌、文曲、紫微会照,文职而能掌握大权。若文昌、文曲、武曲同会,主文武兼备,或文事武做,或武事文做。与天府、天相会照者,大富大贵,亦属文武兼全之人,与七杀同宫,出身军警两界。与破军会,一生波折颠沛。与七杀同度,而有擎羊、陀罗、天刑、火星、铃星、化忌者,有牢狱之灾。

(注) 本节论廉贞守事业宫的性质,较为忽视了其商业性。

古人论事业,以官禄为主,不重商务。其实廉贞亦为一颗商业的星曜,所以当与贪狼同度时,可从事设计或任职公共关系;与七杀同度时,可经营食品业或从事手术与手艺;与天府同度时,可从事金融、证券、财务;与天相同度时,则为市场计划或财务计划人才,亦可成立顾问公司。

最须留意的克应,即当昌曲、武曲同会之时,主"文事武做"或"武事文做"。在现代社会,工程师可以算是"武事文做",纪律部队中的文职,亦可以算是"武事文做";但广告公司的设计施工人员,即为"文事武做"。以此为例,即可推知行业及工作性质。

此外还应留意一个重要的克应——"廉贞七杀擎羊"同度,居事业宫,宜从事刑法工作,否则一生至少有一次惹刑事官非。

(10) 田 宅 宫

廉贞入庙，与七杀同度，自置家产。与天府吉曜会照者，能守祖业。落陷者破败。化忌星有煞曜，因产业而生灾祸。与贪狼同宫，会照空劫、大耗、咸池、天姚、擎羊、陀罗、火星、铃星等，主因酒色赌博或其他嗜好破产。

（注）田宅宫不喜廉贞坐守。这可以分两方面来说明。

廉贞星系，每多破败祖业的性质，此为古人所不喜。此其一。

当自己置业之时，廉贞星系又多困扰、纠纷以至破败的性质。此其二。

但如果不单将田宅宫视为产业，而将之视为自己的服务机构之时，便不能武断，谓田宅宫必不喜廉贞。

即使廉贞化忌，见羊陀交并，又见破军、七杀，成为最凶险的结构，据经验，只要服务于产科医院、外科手术室、化验所，或肉食业、饮食业，以及刑法纪律部队，则反而可以敬业乐业。

(11) 福 德 宫

廉贞入庙,与天府、天相会照者,多福多寿,快乐享受之命。与破军同宫,劳心劳力。廉贞独守福德宫,主忙碌。落陷化忌星,终日忧虑不安,操心劳神,或失眠。与擎羊、陀罗、火星、铃星、空劫、大耗会照者,乃无福奔忙。

(注) 廉贞守福德宫,有两种不同的性质,截然不同。

一种是自得其乐,另一种是虽富裕仍多忧虑。前者为“廉贞天府”、“廉贞天相”的结构,后者为“廉贞独坐”、“廉贞破军”的结构。

“廉贞贪狼”在福德宫,亦可以说是自得其乐,但偏重于精神享受或偏重于物质享受,则受所会合的辅、佐、煞、化诸曜影响甚大。一般而言,见昌曲者重精神享受,见羊陀者重物质享受。

“廉贞七杀”则是一组不擅长思考的星系,但却仍主思虑不休,所以当陀罗同度或廉贞化忌之时,其人便会为一些琐事而不安,以致影响精神享受。不过当科文诸曜并凑之时,却又能于忙碌中将精神平衡。

一般而言,凡廉贞坐福德宫,必主其人忙碌,会贪狼者尤然。

(12) 相貌(父母)宫

廉贞落陷或化忌星,不利父母,或重拜父母,或祀继。与天府、天相及吉星会照者,有化解。与天马、天虚会同,主远离父母。与七杀、破军、贪狼会照者,有刑伤。与擎羊、陀罗、火星、铃星、空劫、天刑等星会照,主刑克。如廉贞、红鸾、天喜、咸池、天姚、天刑会照,当为继室所出或偏房所生,或则上代阴盛阳衰,或则父有外遇。

(注) 廉贞于父母宫为恶曜,主刑伤克害,或主不受父母荫庇(所以跟上司的关系亦多不和谐)。

仅在"廉府"、"廉相"的组合入父母宫时,始主和美。若更遇"财荫夹印"的"廉相",则可受父母或上司的荫庇。

当父母官桃花诸曜遍集之时,依本节"讲义",乃主偏房、继室所生,或上代阴盛阳衰。若将父母官作为自己的服务机构来推断,则宜从事以异性为顾客对象的行业,或带精神享受色彩的行业。

判断父母死亡灾病之年,若见廉贞入流年父母宫,杀破狼会照,更见煞刑忌耗交侵,则主有妨。尤不喜流年白虎与擎羊相会于流年父母宫。

若廉贞化忌会武曲化忌,主父母是年有危症或死亡,或主遭上司解雇。

七、天府星

天府星在五行属阳土，在天是南斗的主星，是财帛的库府。与紫微星同度，如得左辅、右弼、天相、武曲、文昌、文曲、天魁、天钺会照，称为君臣相会，主大富大贵。在戌宫为上格，有吉曜辅星扶持，为军政元首、人民领袖、各部门长官。在商则主为创业巨子、商界闻人。在技术或艺术方面，亦主有特殊见地，超人发明，另有特长，出人头地，举世扬名。但注意必须要有左辅、右弼及吉星扶持，或天魁、天钺夹持命宫者，为上格。在巳、亥宫，紫府对照，有吉星扶持或同度者，大富大贵，或大寿，或突遇贵人提拔，平步青云。寅、申二宫无吉助，乃清高自赏，或是人师，或执教鞭。辰、戌二宫安命，会照左辅星，不如同度为更贵更富之奇格。但须会到禄存星方是真格。因为天府星在戌宫立命，则紫微星正在午宫庙地，而太阳也正在旭日东升的宫上，太阴又是躔在月朗天门的宫位，如能会到吉辅同度，而没有恶煞冲破，当然非侯卿之命，亦是将相之才了。有了煞曜冲破，亦主为商业巨子，会空劫者，则主由理想幻象中成天下。

（注）天府为南斗主星，又为府库，所以既有领导才能，而且亦表现得小心谨慎。

缺乏开创力为天府的缺点，但擅于守成、擅于在现成局面下发展却是天府的优点。当构成诸星系时，能调和天府的特性者，即是美好的结构。反之，若与天府的基本性质有严重冲突者，则为不良的结构。

由于天府是主星，所以亦跟紫微一样，喜见“百官朝拱”——当

“紫微天府”同宫之时,便因此有“君臣庆会”的格局。在此格中,天府虽为主星,但却处于“臣”的地位。

与天府同度的星曜,为紫微、廉贞、武曲,形成“紫微天府”、“廉贞天府”、“武曲天府”三系。此外即为天府独坐,即是“天府对廉贞七杀”、“天府对武曲七杀”、“天府对紫微七杀”的结构。

天府必与七杀相对,亦为重要的性质。天府的权力能否发挥,即视所会的七杀性质而定。

巳亥二宫,天府独坐对“紫微七杀”,为最有威权的组合,所以主贵。

卯酉二宫,天府独坐对“武曲七杀”,遇吉曜,则主职掌财权,因为“武曲七杀”有财权之意。

丑未二宫,天府独坐对“廉贞七杀”,在现代则应是在专业中发展,从而可致权禄的星曜。

有星曜同坐的组合,以“廉贞天府”居戌宫为最佳。其解释已详见本节“讲义”。但仍不妨参考古人的说法——“天府戌宫无煞凑,甲己人腰金又且贵”。甲年禄存在寅,廉贞又化禄;己年禄在午,武曲化禄来会。由是可知这个格局,仍然以得禄存或化禄为枢纽。

事实上判断天府格局的高低,不单戌宫为然。凡天府皆喜见禄。盖天府仅为府库,无禄则成为空库矣。

古人说:“天府禄存昌曲,巨万之资。”又说:“天府武曲禄存,必有巨万之资。”即是这个意思。

当在“空库”的情形下,若四煞并临,则须出尽计谋以求财,所以古人说:“天府守命,羊陀火铃会合,主人奸诈。”

府库不见禄固然是“空库”,若坐地空、天空之乡,亦为“空库”,所以古人说:“天府守命忌落空亡,主人孤立。”

能掌握上述的原则来评断,则不致对天府坐命的复杂情形茫无头绪。

<table>
<tr><td>天府
巳</td><td>七杀
午</td><td>廉贞 七杀
未</td><td>七杀
申</td></tr>
<tr><td>天府 廉贞
辰</td><td colspan="2" rowspan="2">天府星系
组合图</td><td>武曲 七杀
酉</td></tr>
<tr><td>天府
卯</td><td>七杀
戌</td></tr>
<tr><td>天府 紫微
寅</td><td>天府
丑</td><td>天府 武曲
子</td><td>紫微 七杀
亥</td></tr>
</table>

(1) 命　　宫

天府星躔于命宫，主面色黄白或黄黑。与廉贞同度，亦有皮肤粗黑者。面为方型，或长方形，或略带微圆型之扁方面。体胖中高身体。为人性情忠厚，聪明有毅力，敏感而能适应环境，善为人排解纠纷。如天府入庙，会紫微星、文昌、文曲、左辅、右弼、天魁、天钺、禄存、天马、化禄、化权、化科而无煞星空劫者，必然出人头地，为人领袖，荣登首选，大富大贵，魄力极大之上格。在政为国家之栋梁，在商为商界之领袖。若天府独守命宫落陷，无吉星辅曜扶持，会照擎羊、陀罗、火星、铃星等恶煞者，主为人善谋好诈。逢空劫，主孤独，福不全。与天姚星合，主权术阴谋之士。

女命天府星躔度，主为人忠厚慈祥，聪明机巧，旺夫教子，清白多能急人之急、忧人之忧。遇吉星及左辅、右弼者，夫人之命，有丈夫之威严，女握男权，大富大贵之上格。若有空劫、擎羊、陀罗、火星、铃星、天刑、化忌等星曜会照者，主孤独，虽得人之尊重，惜福不全，非伤夫即克子，或再婚，或有女无子。

大限流年天府星躔度，主得贵人提携，平升三级，结婚添人口，得禄享乐，得人尊敬，事业发展。若逢煞曜，则多空想，少成事实，进行常落人后，多考虑，坐失良机。逢化忌、大耗，则有病疾、胃痛、口舌等情发生，或闲荡无所事的苦闷。

（注）关于天府坐命的各种情形，已详述于前。现在只根据“讲义”，补充一些推断的资料。

古人说：“天府遇太阳、文昌、文曲、左右，必中高第。”又说：“与太阳昌曲会，必登首选。”现在谈论斗数的人不敢采取此说，甚至认为是古人故意说错，以求守秘，实在是由于根本不知有“中州学派”

的“紫微星诀”之故。

“讲义”指出，天府与天姚同会，乃权术阴谋之士（必须同时见煞始是）。这是一项很重要的征验。

其实，天府若与天虚、大耗同会，见桃花诸曜，亦主为人权术阴谋。若见文曲而不见文昌，则更主为斯文败类。

天府与空劫同躔，即使见禄亦不宜经商，因为既主孤立，又易生疑忌，经商者重人缘，人缘不佳，焉能致富。

女命天府躔度，其推断，亦与上述相同，尤其是目前社会男女皆有事业，自不应多加分别。

唯在巳亥二宫，与“紫微七杀”相对，或卯酉二宫，与“武曲七杀”相对时，其人若无自己的事业，便可能变成凌驾丈夫、影响家庭的和谐。最宜匡助丈夫立业，或本身有事业工作。

当天府坐命而出现孤立的情形，则应借后天人事来补救。

女命天府，不喜夫妻宫见“廉贞破军”，见煞曜，又见辅佐诸曜的“单星”来会或同度，主丈夫有二心。

大限流年见天府在命宫，每易见流煞冲会，故常易坐失良机。

当天府遇空劫耗忌之时，易闲荡无所事事。此为一极宜重视的克应。所以亦主人忽然于工作岗位上变成闲曹，以致心情苦闷。

余仍详天府星系的基本性质而定。

(2) 兄弟(姊妹)宫

天府星临兄弟宫,主兄弟众多,有五人以上。逢文昌、文曲、天魁、天钺、左辅、右弼者,弟兄多才多艺有助。与廉贞、武曲会,有伤克。会化忌星,擎羊、陀罗、火星、铃星、天刑、空劫、大耗者,刑克不和。或只一二人,需资助。

(注) 天府临兄弟宫,一般主兄弟姊妹众多。

若会左辅右弼,但只会文昌而不会文曲,即"中州学派"所谓"对星单遇"的情况,往往可能有各胞兄弟。

只有在煞、忌、刑、耗并会的情况下,始主兄弟姊妹少(或多而见克)。

不宜会天姚、天虚等曜,主兄弟权术阴谋。

（3）妻宫（夫宫）

天府星临妻宫，主得贤慧之妻，因妻得助。若天府星落陷，或逢擎羊、陀罗、火星、铃星、空劫者，主宠妾灭妻，二妻之命。如会吉星者，则妻子虽有分离之事，但仍如离非离、如断非断的意味，因为天府乃厚诚之星，少刑克之灾。女命天府星临夫宫者，主得情感丰富、英俊有为之丈夫；以丈夫体格雄壮肥胖者为合格。如与武曲同度，会照擎羊、陀罗、火星、铃星、空劫、天刑者，以继室偏房为宜，否则刑离不如意。

（注）天府临夫妻宫，一般仅主生离，不主死克。且即使生离，往往亦非离婚；即使离婚，仍有藕断丝连之意。

男命天府坐夫妻宫，宜配年少之妻，即可减少“宠妾灭妻”的可能。女命却宜配年长之夫，以大六年以上为准，如是即可减少应为继室偏房的意味。

天府在丑未二宫独坐，对宫为“廉贞七杀”，为男命夫妻宫比较不佳的结构。主自身有外遇，甚或停妻再娶，须详所会的星曜而定。

（4）子 女 宫

天府星临于子女宫，会照文昌、文曲、天魁、天钺，主得聪明多才之孝子。会左辅、右弼，五胎以上。与武曲或廉贞同度，有刑克，三子送终。逢擎羊、陀罗、火星、铃星、空劫、天刑者，主刑克冲破，或得性情倔强的子女，或面有破相。

（注）天府守子女宫，一般主子女多，且与子女感情温厚，且刑克的情形甚少。

见廉贞七杀擎羊与天府相对，主开刀或动手术生子。唯近日科学昌明，据王亭之征验，有时亦为“蒙产”①代替。

四煞空劫并照，亦不主刑克子女，仅为破相或性格与自己不投的征兆。

子女宫天府见禄马，虽为子女离开自己发展的征兆，然而仍能保持密切联系，时时关注父母。

① 蒙产，即全身麻醉而产子。

(5) 财 帛 宫

天府星是财禄之库，临财帛宫，主富裕，会照左辅、右弼、禄存、化禄、紫微、武曲等吉星，主大富之格。逢空劫、大耗者，主财禄得中有破耗。会照擎羊、陀罗、火星、铃星、天刑者，因财多纠纷或涉讼。

(注) 天府临财帛宫，仅主其人有理财守财的能力，不主富厚。必须会合禄存、化禄，然后始能成富。

但又不喜禄存同度，主得财艰难，且易破耗。

见空劫同度，每进财亦必同时有损，只是进财之数大于损财之数而已。

依王亭之征验，凡天府坐财帛宫，不必禄存同度，其人用钱已非常有计划，而且将现金储蓄看得很重要，投资在物业及企业上的资金，几乎不当成是财富，一定要见现金才安乐。

(6) 疾 病 宫

天府星临疾病宫，主有胃病、脚气、黄肿、鼓胀等症。逢廉贞星，主湿火之症。遇右弼、天相，因寒胃痛。七杀照会天刑，主有伤损。会照华盖、天才，主反胃虚惊等症。

(注) 天府属阳土，一般主脾胃病。及由营养不足情形下引起的黄肿、水肿(此时天府必为空库)。

若天府见禄，又见火曜(如廉贞)，则主湿火之疾，或患胃热，见煞转为胃炎。

于廉贞化忌之时，常主胃出血。

由于受天相的影响，所以当天相所会的星曜不吉时，主患胃寒。见陀罗、铃星，则患胆病。

(7) 迁 移 宫

天府星临迁移宫,主出行得福,在外遇贵人。武曲同度,出外经商或远涉重洋主发富。逢阴煞、陀罗、火星,出门须防阴谋损伤。与擎羊、天月、天刑同度,出外小人不足,或病灾。

(注) 天府临迁移宫,于天府独坐的情形下,其吉凶休咎不专视天府,仍应参详命宫星曜而定。

例如"廉贞七杀"坐命,见煞忌,便即使天府坐迁移宫,亦不宜迁移出门。

但在推断流年之时,逢天府在迁移宫,往往可以考虑转换工作环境。

天府与文曲化忌同会,出门主小破财,尤宜提防被扒窃财物。

(8) 交 友 宫

天府星临交友宫，主交友广阔。会化禄、化权、化科，主得朋友之助力。会左辅、右弼，更得朋友之拥护，得手下人之力，或得忠心的手下人。如会照空劫、大耗，则因交友而破耗，或被手下人偷盗破损。会擎羊、陀罗、火星、铃星、天刑者，诚意待人，反遭怨恨，或受手下人之阴谋及不利。

(注) 天府在交友宫，一般主慎于择交，所以“交游广阔”只是点头之交而已，知己反而难求。必须见魁钺、辅弼，然后才得知交，且亦主下属得力。

于观察时，亦宜兼视天相所坐宫垣的吉凶。如天相落陷，更见煞忌，则亦影响及天府，主受事业伙伴或下属的阴谋陷害。这点可以补充“讲义”之不足。

(9) 事 业 宫

天府星临事业宫,主事业伟大。如天府临午宫,禄存在寅宫,而天相星戌宫,有吉星辅曜会照者,主极品之贵,以无煞星为合格。如天府星临事业宫在丑宫,会吉曜,亦主大贵,但须会禄存星在酉宫方为合格,允文允武皆能成贵发富。空劫同度者,魄力大,宜于工厂实业方面发展。投机事业不利,会照擎羊、陀罗、火星、铃星者,多纠纷有波折。

(注)本段提出了天府在事业宫的两个格局。

古人说:"安命寅宫,府午宫,相戌宫来朝,甲生人一品之荣。"廉贞在寅宫守命,贪狼对拱,廉贞化禄,又得禄存同度,此为"府相朝垣"的上格。

古人说:"巳相丑府来会酉,戊辛人遇禄千钟。"其实这亦是"府相朝垣"的美格而已。其情形为命宫无正曜,与"紫微贪狼"相对。戊年生人,贪狼化禄,巳宫天相又与禄存同度,丑宫的天府得双禄并照,所以为佳。又或辛年生人,禄存在酉,亦为美格。

天府居陷地守事业宫,主人过分慎重,非发展之才。

天府入庙,亦仅宜在现成基础上发展,不宜更张太大。

流年事业宫,天府见天姚及文曲化忌,防受骗,亦不宜投机。

(10) 田 宅 宫

天府星临田宅宫，主能增田置产，能创能守。遇空劫、大耗，主有破耗。遇擎羊、陀罗者，有纠纷。

（注）天府守田宅宫，最喜“文星入宅”，即昌曲交会，主家中发科名。更遇禄，则主置产得利。

流年田宅宫最宜留意这个格局。倘是年田宅宫有天府坐守，流昌流曲流禄交会，而无煞忌冲破，即合此格。

天府守田宅，火星同度，见劫耗，有流煞冲会，主火灾。

天府守田宅宫，又主人工作安定，不变换工作环境。唯有煞忌刑者，则主所服务的公司有人事纠纷。

(11) 福 德 宫

天府星入庙，临福德宫，主福厚。会吉星，安宁。在寅宫，少忧虑，能享福。与武曲、七杀会合，主身安心劳。遇陀罗、火星，自寻烦恼。会擎羊、天刑者，心中烦闷，不安。空劫、大耗者，忙碌。

（注）天府守福德宫，最大的特点是谨慎。但当与陀罗同度之时，却可能变成小器，因此常多不必要的精神困扰。若火星同度，则不主小器，而是常多不必要的忧虑。

遇空劫同度，却主为无谓之事奔忙。广府人之所谓“煲无米粥”即是。

擎羊天刑同度，内心常感精神威胁。

必须昌曲、辅弼同会，然后内心始得安定，不见煞，则主泱泱大度。

(12) 相貌(父母)宫

天府在相貌宫,主父母双全,无刑克。逢擎羊同度,父子间意见不合。会照陀罗、火星、铃星、空劫、天刑者,有刑伤。或分居,或祀出。

(注) 凡天府在父母宫,无煞忌会合,主人幼年父母双全,且两代感情融洽。

天府会化禄及禄存,且见天巫,父母遗产丰厚。唯禄存同度,则主父母喜独掌财权。

不喜与擎羊、天刑同度,流年父母官见之,有流羊冲合,主父母有危症,需动手术。若流年父母官忽见重重化禄或禄存冲合,亦需防乃丧服之征。

八、太阴星

太阴星在五行属阴水，在天为月之精，化为富。与太阳星为配。在命盘中作母星、妻星及女星。喜夜生人，太阴星在十二宫也像太阳星一样，每一宫有一个名称。现在写在后面。

太阴星躔子宫，名“天姬”。主女命荣华，男命富贵，有人缘，深思虑，善计谋。

丑宫，名“天库”。日月相会，性情豪爽，官高禄厚。

寅宫，名“天昧”。旭日将升，月失光辉，主为人性多游疑，进退不决。

卯宫，名“反背”。逢吉曜，反主大富。

辰宫，名“天常”。喜与属金之星曜相会，若会照化禄、化权、化科，主为人之领袖，参与戎机，掌握军警大权，名震四海，此阴精入土之格。

巳宫，名“天休”，又称“失殿”。主有目疾，或近视散光，或丈夫有名无实，常远离，或丈夫善为人谋，而不善为家室谋。如有化禄、化科、化权者，反主富贵享受。

午宫，名“天衣”或称“寒月”。主为人情感丰富，多幻想，自作多情，不利元配，或因元配遭遇刺激。

未宫，名“天圭”。日月同度，性情爽直，忽阳忽阴，但不利母星。

申宫，名“天潢”。主为人福厚禄重，事业伟大，善应变，有权术，富幻想，有雄心。

酉宫，名“天祥”。主富主贵。

戌宫，名“天助”。是“月照寒潭格”，这正是玉兔扬辉的时候，为上格。

亥宫，名“月朗天门”。主大富，或得意外财，又称“朝天格”，多计谋，善策划。

太阴星最喜与化禄、化权、化科和禄存会照，因为太阴主富、主藏、主静，与化禄及禄存同行，则气味相投。化权、化科会照，则刚柔相应。昌、曲夹持或会照，必然文章秀发，博学多能矣。

（注）太阴为中天星曜，夜生人以此为主星，故亦有主星的性质，喜“百官朝拱”。

太阳主贵，太阴主富；因为太阳主发射，而太阴则主收敛。

夜生人喜太阴，日生人则不喜；女命较喜太阴，男命则较不喜。男以太阴作母星、妻星、女星；女则以太阴作母星、女星。

太阴在申酉戌亥子丑宫为得垣，在寅卯辰巳午未宫为失垣。本节“讲义”所述十二宫性质，基本上即以得垣失垣为依据。可以说，以寅申二宫为枢纽。

与太阴同度的星曜有三，即天同、太阳、天机。其余宫度为太阴独坐，分别与此三颗星曜相对。其吉凶，大致上偏重于太阴的庙陷，甚至连“太阳太阴”同度的情形下，亦以丑宫比未宫为佳。

太阳在亥宫称为“反背”，太阴则在卯宫称为“反背”。此点与坊本的说法不同。所以当太阳在亥、太阴在卯之时，若此二宫见辅佐及吉化，可成为大富大贵之格，且年青即有成就，于斗数中属于上格。

对太阴来说，天同同度或对拱，增加了太阴的内向与情绪，故在午宫，除能成“马头带箭”格局之外，每多虚浮不实的幻想，女命尤主多花前月下的感喟。

天机主动，与太阴同度或相对，便增加了太阴的浮动性，故当太阴落陷之时，便多犹豫进退，或不顾家室。

太阳与太阴同度或对拱，必在四墓之位（即在辰戌丑未四宫），其中以未宫最为不利，因为在这宫度，太阳既已近日落西山，而太阴则仍未光辉。

以上即为太阴居十二宫的大概，均以见昌曲、辅弼、禄存、魁钺、化禄、化权、化科为吉征，见四煞为凶兆。

古云："太阴禄存同官，左右相逢富翁。"又云："日月科禄丑未中，定是方伯公。"又云："日月左右合为佳。"即为吉征之论。

古云："日月羊陀多克亲。"又云："日月陷宫逢恶煞，劳碌奔波。"又云："太阴羊陀，必主人离财散。"即为凶兆之论。

这些论断皆可参阅，尤宜领会它的精神。

<table>
<tr><td>太阴
巳</td><td>午</td><td>未</td><td>申</td></tr>
<tr><td>太阴
辰</td><td colspan="2" rowspan="2">太阴星系
组合图</td><td>天同
酉</td></tr>
<tr><td>太阴
卯</td><td>太阳
戌</td></tr>
<tr><td>天机 太阴
寅</td><td>太阳 太阴
丑</td><td>天同 太阴
子</td><td>天机
亥</td></tr>
</table>

(1) 命　　宫

太阴星临命宫，主面色青白或略带黄黑。圆长或略带微方的面型。主为人性情内向，聪明俊秀，善用心计，多思多虑，温和耿直，态度端庄凝重。以月圆光辉之夜生人为上格，以晦朔月暗之夜生人次之，日生人更次之。凡身命宫会文昌、文曲者，怀有特长或专门技艺。有凤阁、天才同度，对琴、棋、书、画有兴趣。红鸾、天喜、咸池会照者，花酒文章，博学多能。落陷逢煞曜，或在身宫，随娘过继，离祖出外。凡落陷会擎羊、陀罗、火星、铃星、天刑、化忌、空劫、咸池、天月、天姚者，主为人酒色邪淫，多阴谋，心狠毒。落陷化禄、权、科，亦能富贵。若有煞星，则虽吉亦虚。入庙会吉星，大富大贵之格。

女命太阴星临命宫入庙者，是夫人之格，为人端庄凝重，聪明敏感，重情感，助夫教子之命。但以无煞星恶曜会照者为合格。若在陷地会擎羊、陀罗、火星、铃星、天刑、空劫者，伤夫克子。会天姚、咸池、文昌、文曲者，继室、偏房为宜，否则性浮荡，不安家室。

大限流年太阴星躔度，主得意外财富。婚嫁，添女，进人口，事业发展。若陷宫逢擎羊、陀罗、火星、铃星、天刑者，主刑克、官灾、是非。会空劫、大耗者，主破耗。

(注) 对于太阴的基本性质前已论述，现在且引一些古人的论述，俾与本节“讲义”参证。

“太阴守命，日生人最不宜陷，陷则克母，男且伤妻。”

此论坊本皆误为“夜生人最不宜陷”。

“太阴在身宫逢之，主随娘继拜，或离祖过房。”

其实不仅身宫(亦必须身宫坐迁移宫始有克应)。命宫太阴落陷，火星同度，又有刑忌之星来会；有桃花诸曜同度，或有辅佐诸曜之“单星”同会，皆有此应。

“太阴与天机昌曲同宫于寅，男为仆从，女为娼。”

“太阴天机”同居寅宫，主本性犹豫，进退失据，而昌曲则增加其聪明机巧，故古人以为乃奴仆娼婢之命。读者仅宜领略其精神，不宜武断。

“太阴居子，号水澄桂萼，得清要之职，忠谏之材。”(丙丁夜生人合格)

太阴在子，天同同度，虽主内向，但当昌曲、化禄、化权、左右同扶，则转化为内才权变，故主任清要之职。

“月朗天门于亥地，进爵封侯。”

必须太阴化禄、化权、昌曲、左右、魁钺同度，或禄存同度，且煞忌不见始合格。

“太阴落陷，与羊陀火铃同宫，肢体伤残。”

此论断亦仅宜领略其精神，不可武断。

“太阴文曲同宫，定是九流术士。”

此为太阴在陷宫，见文曲不会文昌的征验。在“九流十家”中，“阴阳家”列为第九，故称“九流术士”，并不是说其人乃术士的第九流也。

女命太阴最不宜落陷。可详前论十二宫的性质而定。

落陷逢昌曲，不过增加聪明，却反而增加浮荡之性。逢辅弼而不成对会照，为第三者的克应；魁钺相会，谓之“坐贵向贵”，皆主对感情不利。

所以女命以夜生人太阴入庙为上格；日生人入庙次之；夜生人落陷尚可；日生人落陷，则有浮荡不安的本性。

日生人落陷，更会桃花诸曜，主不安家室，喜欢寻求刺激。见四煞劫忌刑曜，六亲刑克甚重，主人孤克。

古云：“天梁月曜女淫贫。”即指落陷的太阴而言。

大限流年命宫逢太阴，由于不主其人的本质如上论述，所以不分日夜生人，但见吉会亦可推为吉，凶会即可断为凶。

(2) 兄弟(姊妹)宫

太阴星入庙主有弟兄五人。天机同度者二人。化禄、化权、化科者,主弟兄富贵多才。会照擎羊、陀罗、火星、铃星、空劫者,刑克分居不和。

(注) 太阴独守兄弟宫,入庙五人;陷地三人不同心。会四煞、空劫者刑克,宜分居异地。

论兄弟姊妹感情,以"天同太阴"的组合为最佳。最嫌天机化忌同度,则主兄弟有机心(或与事业伙伴各怀机心);"太阳太阴"以无煞曜刑忌始和美。

若太阴落陷守兄弟宫,羊陀同度或会照,宜防与合作伙伴拆股,以致破财。故大运流年逢此结构,以事前不与人合作为宜。

(3) 妻宫(夫宫)

太阴星临妻宫,与文昌、文曲同度者,主聪明非常,文章出众,学有专长。会吉曜,蟾宫折桂,研究任何技术学问,均能出人头地,名利双全,并主得贤慧美丽的妻子。与太阳同度,主白头偕老。与天同或天机同度,主得持家有方、聪明多才之贤内助;唯以小配为宜。会照擎羊、陀罗、火星、铃星、天刑、大耗、空劫、化忌者,主生离病灾。

(注) 古人有"太阴同昌曲于妻宫,蟾宫折桂之荣"(注云:"在命身宫则为巧艺之人")。

按此格局,系"夫凭妻贵"。古代社会,京师高官多喜招门生弟子为婿,故有此克应——若云"太阴同昌曲"主聪明非常,何以在命身宫却只为巧艺之人?若云夫妻宫的星曜必会照福德宫,故主聪明,然则何以又不直以此格局归诸福德宫?依拙见,此格局系借夫妻宫星曜与官禄宫星曜会合,故有"夫凭妻贵"之意。现代社会已少此种情形。反而"中州学派"所传,"太阴化禄于妻宫,主得妻财以成事业"这种克应,更合今日的情形。

凡太阴坐夫妻宫,男宜配妻年少,女宜配夫年长。妻宫见昌曲则妻美。

女命夫妻宫喜见禄权科三化,则内能怀柔丈夫,外擅交际应酬。唯不喜化忌,主配偶背井离乡。

女命太阴独坐巳亥,夫易有外宠,见煞曜及辅弼尤确,必配夫长十年以上始可免。

独坐卯酉,男命仅主恋爱波折,女命亦主丈夫易生外向之心。

(4) 子 女 宫

太阴星临子女宫，主先花后果，女多子少。入庙逢吉曜主生贵子，有五胎以上。天机同度，二子送终。落陷须先招祀子或先过继他人子为宜。会擎羊、陀罗、火星、铃星、空劫者，刑克重。

(注) 太阴守子女宫，庙旺主子女富有，落陷则子女软弱。落陷再见煞忌刑曜，主子女有刑克。故凡太阴落陷于子女宫者，以先领养为宜，养子则不受刑克。(古代则以妾先生子为宜)

子女宫见昌曲，子女聪明；见辅弼，子女有助力，能继承自己的事业；见魁钺，主子女贵显；见禄存、化禄，主子女富裕。

(5) 财 帛 宫

太阴星为富星，临财帛宫，最为相宜，主富足多财。入庙与左辅、右弼、文昌、文曲、禄存、化禄等吉星会照，为大富之命。与天机同宫者，白手起家，或由自身创业起家。日月同度，先散后聚。落陷多成多败，聚散不常。与大耗、空劫同度，有盗贼之虑。逢擎羊、陀罗、火星、铃星者，因财纠纷。

（注）太阴守财帛宫，仍以庙陷定其吉凶。无论独坐或与其他星曜同度皆然。

太阴独坐，与天同相对者，多白手兴家。与天机相对者，亦主自身创业，但创业基础则未必全由自力而来；与太阳相对者，须详所会星曜而定，一般喜二曜皆入庙，但如二曜落陷，见化吉及辅佐，太阴又得禄存来会，则仍主富裕。此与“日月同度，聚散无常”不同。

与空劫大耗同宫，不宜见文曲化忌，主受骗或盗窃。

与羊陀同度，主破财；与火铃同度，主纠纷。

太阴化忌，有煞同度，主受引诱破财。

(6) 疾 病 宫

主阴分虚亏、阴痿、泻痢、鼓胀、脚肿、湿气、脾胃、小肠湿热阻滞之症。

(注) 太阴属阴水,故主亏损之疾。

天同与太阴同度或相对,由于天同属阳水,水多则主肾脏反不健全,可以表征为眼病。

天机与太阴同度或相对,则主妇女暗病及男子神经性阳痿;亦主神经系统有衰弱或过敏。

以上资料可以作为补充。

(7) 迁 移 宫

太阴入庙，多结人缘。出外则有贵人扶持。与天同星同度，主远涉他方，白手创业成富。天机同度，劳心奔忙，多变动。化忌星则多游疑进退，口舌是非。落陷会煞曜，主出外有灾或奔忙少效果。与空劫大耗同度，主出外破耗（太阴临迁移不喜与人争斗）。

（注）太阴守迁移宫，由于主静、主藏，所以不宜与人竞争（不必是争斗，例如商业竞争亦是）。

入庙则多人缘；落陷则防人阴谋，见铃星、陀罗尤确；若见火星、擎羊，则奔忙无功；见空劫则主无端破耗。

古人有“太阴（守迁移）身若逢之，主随娘继拜”的说法，可以参考。

“天同太阴”在子，为迁移宫，见吉星扶，最宜出外，主在异地白手兴家。

(8) 交 友 宫

入庙多益友。太阳同度，有孟尝之风，但情感时冷时热。天机同度，交多方面的朋友。落陷须防损友，或阴谋。逢空劫、大耗，因友破耗。逢擎羊、陀罗，施恩报怨。遇火星、铃星，为朋友事奔走忙碌。天刑同度，受朋友之压力或威胁。

(注)“太阴太阳”会昌曲，主下属成群，亦主多门下士。唯不宜化忌，否则易招尤怨或反受拖累。

太阴独坐交友宫，入庙主交益友；落陷则主交损友。见辅佐诸曜，则友人或下属有助力；见火铃、羊陀、空劫、刑耗，则受友人或下属拖累或威胁，以致破耗。

(9) 事 业 宫

与文昌、文曲会照，宜文化事业、公众事业。左辅、右弼相会，宜政界发展。天同或天机同度，主事业多变动，或宜流动性事业。会照天同、天梁、天机，则宜于机关、工厂或公众事业中任职，或组织股份有限公司方合。天机同度会天梁，逢化禄、化权、化科者，宜实业方面求发展。与文昌、文曲、凤阁、天才、龙池同度，在艺术界露头角。凡天机、天同、天梁同会，而化禄、化科、化权亦同会照者，主掌握军警大权，百万雄师威震边疆之将相大才；以无煞曜会照者为合格。会照空劫、大耗者，亦宜在工厂方面谋进展，但多进退变动，或由空想幻想中成事实，或为发明家。

(注) 古人喜太阴于官禄宫见文昌、文曲，主高第恩荣。现代社会则转化为学术研究，或以文艺出人头地。

但若同时见煞，则以从事工程、工业为宜。见龙池、凤阁，则可从事艺术，亦主精巧手艺。

“机月同梁”在事业宫，见禄权科，主握军警大权。这项说法，为重要的征验，唯不能见煞忌，且须辅佐诸曜会照始是。

太阴主富，古人论命则偏重于贵显，所以于论定太阴守事业宫之时，亦偏重于贵局。其实太阴入庙于事业宫，煞曜少，有辅佐吉曜会拱或同度，再见禄，即能由事业进展致富。

太阴与天机同度或相对，天机化禄，太阴化忌，不宜竞争求财，否则反主损耗。

(10) 田 宅 宫

太阴入庙会吉星,可置产设农场,以树木花果为利。与天同星同度,白手起家。与天机星同度,时进时退。与禄存、化禄同度或会照,主能多置地产。逢空劫、大耗者,有破耗。会擎羊、陀罗、火星、铃星者,有火灾虚惊,家宅不安。化忌星,家宅多口舌是非。天机星同度,时有迁移或出游。

(注)太阴在田宅宫中为吉曜。

古人说:"诸吉咸集,为得享祖业之论。""与左右禄主荫福同居,则承祖业而盛。"从前的社会,重祖业承继,故有此论。

当太阴落陷之时,则"虽吉亦有盈亏;若更暗曜来临,刑星交并,产业恐伤,母亦离分"。

古人又有"日月合璧于田宅,家道兴隆"的说法。在现代,除了"家道"之外,亦主服务机构。

以上的说法,可以作为补充。

大限流年遇太阴化忌于田宅宫,见煞,或兼父母宫见天刑逢白虎,则主有孝服。若仅太阴化忌,只主家多口舌,或服务机构有是非口舌困扰。

女命流年见太阴化忌在田宅宫,会太阳化忌,见煞,又见桃花昌曲,须防因自身感情困扰而致家变。

(11) 福 德 宫

太阴星入庙临福德宫，主福厚能享受。日月同度，更为优美。天同星同度，亦主享受。太阴化忌星，则主外表安静，内心不安。天机同度，亦主不安宁。火星、陀罗同躔，自寻忙碌或自寻烦恼。空劫同躔，空想太多。擎羊、铃星同度，不满足。

（注）太阴入庙守福德宫，见昌曲，主人有高雅之享受。若落陷，日生人不宜，古人认为只宜僧道，盖在这种情形下，主人精神孤寂。

太阴喜静，故即使会煞曜空劫，亦不主生是非口舌之心。

但在另一方面来说，太阴守福德宫时，其人亦少竞争的能力。即使成“机月同梁”的格局，太阴守福德宫亦不过主权变而已。

只有在“太阴天机”同守福德宫，太阳独守午垣为命宫的情况下，始主人有用权术计谋的倾向。

（12）相貌（父母）宫

太阴星入庙临相貌宫，有吉曜会照，父母双全，无刑克。日月同度，在未宫不利母，在丑宫不利父。化忌星，母多灾病。会擎羊、陀罗、火星、铃星、空劫、天刑者，须过继祀出，否则有刑伤。但化忌亦有早年克父者，以父死则母寡苦无依矣。

（注）太阴守父母宫，宜入庙，独坐者更非入庙不可，否则幼年孤独，或远离父母，或刑伤生母。若入庙，即使略见煞曜，不过主与母亲缘分浅而已。

太阴在父母宫，喜会天梁、天寿同宫，则虽落陷化忌，亦不主刑克，不过父母灾病而已。

流年父母宫太阴见煞（流煞亦是），见天刑、白虎，主母氏有灾。

太阴化忌于父母宫，见羊陀，亦主上司对自己不满；更见文曲，主有人进谗。

九、贪狼星

贪狼星在五行属阳木，在天属北斗星，又属水，化为桃花，是天上解灾排难的星曜。在人主好动圆滑，八面玲珑，诗酒烟赌，又好神仙修炼之术。会吉曜则主富贵荣华，掌握军政大权，名震世界。会恶煞则主迷花恋色好饮赌博。遇火星、铃星，为火贪格，主财厚禄高。但以辰宫、戌宫为上格，丑宫、未宫为次格，其他宫位更次之。与擎羊、陀罗同度，在亥宫、子宫，称之为泛水桃花，自名风流，因色而身败名裂。在辰、戌二宫，对宫有武曲对照，有吉曜，三十岁后可发。在其他宫位，贪狼、武曲会照，先贫后富。有煞星，则少年多灾，命不长。贪狼在寅宫，会擎羊、天刑者，有牢狱之灾。在寅宫与陀罗同度，名为风流彩杖，主贪色或因色遭灾。

（注）本节介绍了贪狼的几个重要格局：

"火贪"或"铃贪"格。凡贪狼与火铃同度皆是。但须注意，必须是贪狼火铃同度对武曲，或"武曲贪狼"与火铃同度始为上格。因为武曲是财星，故"火贪"、"铃贪"格喜见。

"泛水桃花"。贪狼独坐在子，擎羊同度；"廉贞贪狼"于亥宫同度，陀罗同度者入格。

"风流彩杖"。贪狼在寅宫（对宫为廉贞），陀罗同度。

这些格局，古人的论述如下：

"贪狼火铃四墓宫，豪富家资侯伯贵。"

"贪狼火星居庙旺，名振诸邦。"（贪狼以辰戌丑未为庙、子午为旺）

"贪铃并守,将相之名。"

可见"火贪"、"铃贪"格不但主暴富,当会辅佐诸曜时亦主贵。

"贪居亥子遇羊陀,名为泛水桃花。"

"贪狼陀罗在寅宫,号曰风流彩杖。"

寅宫的贪狼会擎羊天刑主牢狱之灾,则属"风流彩杖"的变格。

<table>
<tr><td>廉贞 贪狼
巳</td><td>紫微
午</td><td>
未</td><td>廉贞
申</td></tr>
<tr><td>贪狼
辰</td><td colspan="2" rowspan="2">贪狼星系
组合图</td><td>
酉</td></tr>
<tr><td>紫微 贪狼
卯</td><td>武曲
戌</td></tr>
<tr><td>贪狼
寅</td><td>武曲 贪狼
丑</td><td>贪狼
子</td><td>
亥</td></tr>
</table>

(1) 命　宫

贪狼星临命宫，主人面色青白或略带黄色。圆长面型或多骨。入庙者，身都肥胖高大。落陷者，形小而声高，性情不常；而量大，好施小惠于人；有错误时，人们每在初时恨之入骨，终则谅之；做事性急，好弄巧；有嗜好，酒色烟赌无所不好，无所不能。贪狼在命宫，七杀在身宫，会煞曜，则有偷花淫奔的作风。贪狼命宫，破军身宫，会煞曜，则男命狂醉豪赌，视色如命。而女命亦主浮荡，不安家室，好交友，有嗜好。与文昌、文曲、天虚、阴煞等星曜会照，做事虚而不实，善巧骗。与紫微同度，称为桃花，犯帝座，为至淫。不论男命女命，凡贪狼在命宫，有空曜天刑者，反主清白端正。贪狼在命宫，三方四正无煞星而有吉曜会照者，都主为军警或政界中人士。贪狼在寅宫，有煞星会照，主人聪明，少年显扬，但事业虽能创立，而牢狱灾祸与事业并来。贪狼临申宫坐命，木逢金制，能流芳百世，亦能遗臭万年，为一部分人所指责反对，而又为另一部分人所钦敬崇拜；一生事业由艰苦奋斗中得来，若享受淫乐，则事业又将在安乐中失去。无煞星恶曜会照，由白手成大业。会煞星者，牢狱灾祸，一生东避西逃，尝尽甜酸苦辣。贪狼在午宫，为木火通明，善计谋，雄才略，三方四正无煞星恶曜者，事业极大，左右经济形势，掌握财政大权；有煞曜，须在商界谋发展。贪狼在巳宫，则与廉贞星同度，主圆滑活动，但一生灾遇极多，但都能脱危而安。三方四正无煞曜恶星会照者，则必威震边疆，出将入相，掌握百万雄师。有煞星恶曜会照者，只宜在商界活跃，但所往还者亦多军警政界人士，唯一生风波颇多耳。凡贪狼坐命宫，在巳者，则妻宫天府星躔度，武曲星拱照，主有妻再娶妻，第二妻必聪明多才，持家有方，而能相夫者。凡贪狼星临命宫者，与巨门、太阳等星临命宫者，绝对不同。巨门、太阳星在临命宫者，虽无错误，每易被人指责（天梁、禄存星坐命宫者亦相同），而贪狼星坐命宫者，即有错误，结果亦以不了了之，且有特殊作风，能与怨仇者相处，久则能化怨仇。

女命贪狼星临命宫者，或嗜酒，或嗜赌，或嗜烟，或有其他嗜好，且多有嗜好宗教信仰者。入庙者都富贵。有左辅、右弼、天魁、天钺、天福、天官、天贵等星会照者，主贵。有禄存、化禄、火星、铃星拱照者，主富。凡贪狼星女命临命宫者，有丈夫志，性情刚毅，重毛发，旺夫益子。但落陷者，宜继室偏房，否则有刑克破败。

大限流年贪狼星躔度，无煞会，主去旧更新，诗酒应酬，性情愉快，创事业，进财利，添人口。有化禄、化权、化科者，加官进爵。逢火星、铃星者，更得意外之财。若会照煞星、恶曜、落陷、化忌者，主因交际应酬生灾非，或因投机赌博而倾家。会咸池、天姚者，因色生灾，最喜见喜事或怀胎生产，而灾化吉祥矣。

（注）贪狼在命宫者，每须身命同参。

古人说："贪狼七杀守命身宫，女有偷香之态，男有穿窬之体，诸吉压不能为福，众凶集愈长其奸。以事藏机，虚花无实，与人交，厚者薄，薄者厚，故曰：七杀守身终是夭，贪狼入命必为娼。"

又云："若贪狼在命，破军身宫，更居天马三合之乡、生旺之地（王亭之按：贪狼不喜居旺地，详见后述），男好饮而好赌博游荡；女无媒而自私窃淫奔，轻则随客奔驰，重则游于歌妓。"

以上所论，必须命身宫同会煞曜方是。

与贪狼有密切关系的星曜，为武曲、紫微、廉贞，或同度或相对。

一般而言，贪狼喜居辰戌丑未四墓宫，即与武曲同度或相对。即不入"火贪"、"铃贪"格，只要有吉曜相扶，亦主先贫后富，中年发达。古人说："贪武墓中居，三十才发福。""贪狼武曲同宫，先贫后富。"

但若无吉曜，或吉少煞多，或众煞并集，则"为人谄佞悭贪，每存肥己之心，并无济人之意。”然而有吉扶持仍可发达。

贪狼在卯酉宫与紫微同度，称为“桃花犯主”，古人认为“桃花犯主为至淫”，必须见天刑及空曜始主清白。见吉亦能发福。

在子午宫的贪狼，必与紫微相对。在子垣，有“泛水桃花”的格局，即使不入格，古人亦认为“若犯帝座，便为无益之人”。此论未免太刻，其实若有吉会，或火铃同度，仍主发越。

在午垣较在子垣者为佳，称为“木火通明”。古人说：“贪狼擎羊居午位，丙戊生人镇边疆”，亦称为“马头带箭”格(王亭之按：必须丙戊年生人，擎羊始在午宫)。大致而言，再不会煞忌，可在军政界发展，若再会煞忌，不如从商。

贪狼在巳亥宫与廉贞同度，在寅申宫与廉贞相对。古人并不以此格局为美，说道：“贪狼廉贞同官，男浪荡，女贪淫，酒色丧身。”又说：“贪廉同宫于巳亥，既不纯洁且遭刑。”又说：“廉贪陷地加杀，不为屠宰亦遭刑。”

这种星系结构，巳宫比亥宫要好。因亥宫可成“泛水桃花”的格局，即不成格，亦必须见禄或化禄，且会辅弼、魁钺，然后才有成就(会昌曲反主虚名虚利，为人多虚少实)。

巳宫的“廉贪”，其吉凶已详见于“讲义”本节。论及婚姻一段，为相当重要的克应。

与廉贞相对之时，寅宫不及申宫。寅宫既有成“风流彩杖”的可能，见煞刑曜亦主官非，除非禄存同度或化禄，否则难有作为。

申宫的贪狼，吉凶交集，本节“讲义”所论，即古人“陷地逢生，又生祥瑞，虽家颠沛，也发一时之财”的意思。

女命贪狼，古人不喜，论女命有“贪狼内狠多淫佚”的说法；又说：“贪狼七杀廉贞宿，武曲加临克害侵。”将分布于十二宫的贪狼都说得一无是处。

其实贪狼不过主物欲，见煞则亦主情欲，古今社会背景不同，不宜据古人的说法来推断，并须注意：贪狼见天刑空曜反主清白，以及见化禄、化权、魁钺、辅弼可以发福的特点。

大限流年见贪狼，且有吉化，或逢“火贪”、“铃贪”，皆主事业有良好的改变，唯其改变乃发生于不知不觉之间。

若见煞忌，则事业于不知不觉间变坏，或蕴藏灾厄的危机。

“泛水桃花”及“风流彩杖”的格局，见流煞会入而成格者亦是。

凡申、子、辰年生，贪狼坐命宫，在子宫者；寅、午、戌年生，贪狼坐命宫，在午宫者；亥、卯、未年生，贪狼坐命宫，在卯宫者；巳、酉、丑年生，贪狼坐命宫，在丑宫者，均主为人性情贪小，品行不正，有嗜好，倾败家产，或有行窃偷盗的行为，且是头脑不清、不明是非、黑白颠倒、恩怨不明、无理智、无理性的人，有吉会减轻。

（注）此段系根据古人的说法——“贪会旺宫，终身鼠窃。”（王亭之按：子午卯酉为四旺宫）“贪狼子午卯酉守命，终身不能有为。”

然而，“贪居旺宫”不过主人物欲深耳（若见昌曲、桃花同会，则为情欲深），未可即视为鼠窃。

此种结构，亦宜见天刑及空曜。

(2) 兄弟(姊妹)宫

贪狼入庙临兄弟宫,会左辅、右弼、天魁、天钺,主弟兄和睦,互相帮助,互相游乐;主有兄弟三人。紫微同度,二人。廉贞同度,一人,或不和。会照武曲者孤单,或异母所生。贪狼落陷,亦主有异母弟兄。会照擎羊、陀罗、火星、铃星、天刑者,孤单或有刑克不和。

(注) 贪狼在兄弟宫入庙,与友人及下属的人缘亦好,不仅限于兄弟。

贪狼落陷主有异母兄弟者,因贪狼陷于巳亥宫,为"廉贞贪狼"同度,见煞及桃花,又见辅佐诸曜之"单星",为兄弟各胞之兆。

丑未二宫,"武曲贪狼"坐守,入庙。

但若二宫无正曜,要借对宫"武曲贪狼",便为"会照武曲"矣。主各胞或孤单。

贪狼有异胞兄弟的克应,今日可能已告失效,但在人际关系方面,则可能为与同僚、同学各怀异心。唯关于此点,虽有征验,但尚嫌未足。

(3) 妻宫(夫宫)

贪狼临妻宫主刑克,以迟婚或婚前数遇阻碍周折,或有破坏者为宜,否则主硬克。会照擎羊、陀罗、火星、铃星、天刑者,主软克(离异)。硬克,三妻之命。会照咸池、天姚、廉贞、化忌者,主有桃色纠纷,或宠妾灭妻,否则刑克,或则先生女后生子,或极迟得子者可免刑克。女命夫宫贪狼星躔度者,主刑克离居,丈夫有外遇者可免,宜继室偏房,或得子后可免刑离,或长配迟嫁。

(注)无论男女,皆不喜贪狼守夫妻宫,见煞曜固有所不宜,见桃花又恐配偶有外遇(男命则主自身有外遇)。必须成“清白格”,即贪狼有天刑、空曜同度,婚姻美满。

贪狼坐辰戌二宫,入罗网,桃花亦减色,仅主婚前多恋爱波折。

贪狼坐夫妻宫化忌,无论男女,皆主对配偶不满。二人之学识、家世、年龄或面貌,有不相称之处。

(4) 子 女 宫

贪狼星临子女宫,会照咸池、天姚者,先花后子,或继室偏房生子。贪狼入庙者,会左辅、右弼、天魁、天钺,三人以上。武曲同度者,三人。紫微同度者,迟得二人。廉贞同度,二人。化忌星,子女多病多灾,须过继。会照擎羊、陀罗、火星、铃星、天刑者,小产难产或刑克动手术。

(注)贪狼入子女宫,会桃花诸曜,古人以为主正室无子,但有女,由庶室生女。见左辅右弼单一颗同度或会照,则且有入赘之婿。若入庙,赘婿与庶生之子可以和好;若落陷,则赘婿与庶子不和。

这项情形已不合今日社会,但仍有参考价值,可用之于对直接下属人际关系之推断(王亭之曾为友人推算,问及具体情况,友人认为准确。他手下永远人手不足,凡临时借调过来的职员,必与原来的手下不和)。

(5) 财 帛 宫

贪狼星临财帛宫，最喜与火星或铃星同躔，主富厚，主横发，或得意外之财。化忌星则主操心费神。会空劫、大耗，财来财去。最喜禄存、化禄会照，财禄丰足。与化禄、化权、化科会照，既富且贵。与擎羊、陀罗、大耗、空劫同会，因赌博投机或其他嗜好倾家。加会红鸾、天喜、廉贞、天姚、阴煞、咸池者，因色破产。与天月星会照者，因病损财。

(注) 贪狼入庙，见禄存、化禄，终能成富。唯“武曲贪狼”的组合，必无禄存同度，只能会照禄存，若会“廉贞破军”之禄存则不佳，必须会“紫微七杀”之禄，则系由正业所生之财(但廉贞化禄或破军化禄会照，则又大利，一生财帛由多种事业而来)。

“火贪”、“铃贪”虽主横发，但亦易横破，故见此二格，须于大限流年找出破败的克应期，及时收手，以免汤里来、水里去。

贪狼与廉贞相对，若贪狼化禄，又见吉曜，亦主大富；倘廉贞化禄，须不见四煞、刑耗、空劫同度，然后始为全美，否则每进财同时亦有损耗。

（6）疾 病 宫

贪狼与紫微同度，在卯、酉宫会煞曜，主意淫、手淫、包皮长，唯以化忌星者为是，并主阴亏阳升、阳痿及胃痛等症。在寅、申二宫，亦主腰痛阴虚。在巳、午宫主梦遗及因色欲所起之疾病。女命则主经痛、经期不准、子宫偏斜、腰痛、带病暗疾。贪狼在疾病宫，与擎羊、陀罗、火星会，主有痔病。贪狼、廉贞同度，遇火星，主肝胃气痛、头昏痛风、贫血等症。凡贪狼星临疾病宫，都主肝胃不和、头昏气闷或皮肤有白色癣瘢。会擎羊、火星者，多肿血之灾或因病动手术。

（注）贪狼属阳木，主肝胆病。风亦属木，故亦主惊风。

紫微同会，主色欲，故主由色欲引起之疾患。女子亦主子宫不正，或宫冷无生育。

廉贞与贪狼相对，主阴虚、腰痛、亏损，亦由性事引发。

见羊陀火星，主痔漏、便血。

擎羊、火星同度，主动手术。会廉贞化忌，则主血崩。男主遗精、阳痿。

贪狼亦主内分泌系统疾患。故有鼻头红之克应，即为内分泌有疾之征，尤主肝病。

(7) 迁 移 宫

贪狼为诗酒应酬的星曜，在迁移宫，会吉曜化吉星者，主在外快乐，且多嗜好方面的应酬，好赌者多赌友，好酒者多酒友，好宗教者多宗教方面之应酬。会左辅、右弼或化禄、化权、化科者，更得人缘，得人之拥护爱戴。在巳、亥二宫，则无事忙碌，贪狼在迁移宫，会擎羊、陀罗、大耗、空劫，主出门有灾祸，或遭遇盗劫偷失等情。加会咸池、天姚，或与廉贞同度者，主出门因色遭灾或遭受阴人陷害，但以落陷化忌者祸重。会照吉星，仍能享乐。化忌每易被人夺爱，化吉者无害。

(注) 贪狼居子午独坐，见吉曜吉化，出门朋友众多，且有应酬之乐。唯不宜化忌，主多应酬而无收获。再见煞，则主引起争夺。

贪狼独坐寅申，最忌见煞又见桃花，出外因酒色致祸。煞轻无桃花，则主多奔波。

贪狼独坐辰戌，无吉曜，即主贪花恋酒，不必更见桃花。

流年贪狼在迁移宫，原局有煞，被流煞冲起，且见太岁、大耗、岁破等曜，又逢忌星会合，主遭兵贼之灾，或受贪官污吏诬枉。

(8) 交 友 宫

贪狼临交友宫，会红鸾、天姚、陀罗、阴煞、大耗，多酒肉之交。与武曲、擎羊、火星、化忌会照，受朋友之陷害或手下人之拖累，多是非，多纠纷，多口舌；或因桃色而争，或因钱财而争。若贪狼入庙，有左辅、右弼、天魁、天钺、天巫、天福、恩光会照者，主交友广多，受朋友之欢迎，或受朋友之拥护。与空劫、天月、劫煞、大耗、煞星会照，因友破财。会禄、科、权者，主受人重视、敬仰、拥护。

(注) 贪狼在交友宫，会辅佐诸吉，虽主朋友下属众多，但却嫌欠力，故一生多酒肉之交。必须见天巫、恩光、天福，然后始主友人下属得力。此乃凭杂曜作出推断，由此可见有时杂曜的性质亦非常重要。

贪狼在子午独坐，可交年长有力之友；见吉亦主下属众多；见桃花，与下属恋爱。

贪狼在寅申二宫独坐，不见吉，已有结交损友的征兆。见煞忌，主受下属夺权或陷害。

贪狼在辰戌独坐，无吉曜，主下属鄙吝，易生侵吞之心。见吉，下属得力。“火贪”成格，手下人突然增加。

流年交友宫见贪狼，化为忌星，又见煞耗，防友人拖累；见白虎或贯索，主为友人牵连致讼致祸。

(9) 事 业 宫

贪狼星临事业宫，主人于交际应酬中成事业，如外交方面、营业方面或创立娱乐方面之事业。如三方四正无煞星，有化禄、化权、化科者，主进身政治舞台。与左辅、右弼、天魁、天钺、天贵、天巫、恩光、天官、三台、八座、台辅、封诰等吉星会照者，主为政界红人，官爵显赫。与火星、铃星、武曲等星会照者，主掌握兵符，国家社会之柱石。与紫微同度，有辅星，能文能武。会煞星者，以在商场中谋进取为宜。与空劫同度，以创设工厂实业为宜。大耗、地劫同度，事业多颠簸、多枝节。

(注) 凡贪狼在事业宫，皆宜外务。在现代社会，此为公共关系人才，亦主营业推销。

亦宜经营娱乐享受事业。以异族为对象者最宜。

贪狼独坐子午，容易独当一面，故亦可考虑自由职业，带艺术及享受色彩者适宜。见辅佐星曜，且见化禄、化权、化科，然后始可投身政治。

贪狼独坐寅申，见煞不宜从政，恐因贪污致祸。从商虽多暴利的行为，不会因此招惹官非。见禄存同度，尤主自私肥己，但能致富。

贪狼独坐辰戌，会吉可从政，利于任财赋之官。见煞经商，则不宜见武曲在对宫化忌，主经济周转困难。

(10) 田 宅 宫

贪狼入庙,与火铃二星同度,或会照,主能自创基业,但所住之房屋每都有损坏经修理者。与火星同度,会煞星、大耗或空劫者,主遇兵灾火烧。会照吉星者,乃虚惊。与化禄、化权、化科、禄存会照,主产业丰厚。与红鸾、天喜、凤阁会照,则房屋美观。贪狼星在田宅宫,主多散少聚。落陷化忌星者,则因田产房屋生是非。

(注) 贪狼在田宅宫,有多方面的性质。

基本性质为散耗。所以住宅虽美观,仍必有损坏,时须修理,但亦可以产业丰厚。唯却易时时搬迁或装修住宅,此乃人为的家宅不宁。

“火贪”、“铃贪”,主住旧宅华厦。

流年田宅宫,贪狼落陷,有火铃同度(两星皆会照者不是),更见煞耗,被流煞冲起,或见流年大耗同躔,主火灾。

流年田宅宫贪狼化禄,主买产或装修。贪狼化忌,主搬迁或住宅大修。

(11) 福德宫

贪狼入庙化吉星,或会吉曜者,主为人享乐,有饮酒的嗜好,或喜赌博的消遣;虽至老年,仍喜说笑取乐。与廉贞同度,主东西奔走,福少不安。与红鸾、天喜、咸池、天姚会照者,虽至老年,仍风流自赏。与擎羊、陀罗、空劫、大耗、天刑同度者,多烦恼,多纠纷,福薄不安。与火星、铃星同度,虽能享福,但性急气躁。

(注)贪狼坐福德宫,一般均主奔波忙碌,见煞亦主无事奔波,且以奔波为乐。若贪狼化忌,则多烦恼,每事虽奔波仍功败垂成。

各星系中,以"廉贞贪狼"同度,最为忙碌无功。廉贞贪狼相对,见吉,仍主多无谓应酬,但得朋友欢迎。

贪狼在辰戌二宫独坐,见吉曜,又见禄存或化禄,有火铃同度,其人多投机的思考,全副精神放入投机方面,并以此为乐(王亭之曾见一人,福德宫火贪在辰,临死前一小时,尚吩咐来探病的友人代打电话投机黄金)。

(12) 相貌(父母)宫

贪狼落陷,化忌会煞星临相貌宫,主刑克,或早离父母,或过继祀出。贪狼入庙化吉星或会照吉曜者,无刑克。与咸池、天姚、红鸾、天喜、天刑或廉贞同度,主继室偏房所生,否则有刑克。

(注) 贪狼在父母宫,一般主两代感情和谐,但多自利之心。

无论独坐或同度,入庙还须会吉,然后无克,否则仍以远离父母或过继别人为宜。若落陷,除非庶生,否则刑克;落陷更见煞忌,不但早离家庭,且父母亦不全。

于诸星系组合中,以"紫微贪狼"同度或贪狼与紫微相对为较佳,刑克较轻。但见火星同度,仍主早岁离家,或父母于自己童年时多离家庭,或主自身寄养。

十、巨门星

巨门星在五行属阴土，又属阴金，此土静金埋，故化气为暗星。在天属北斗星，在命盘主口舌是非，明争暗斗。若化权星，则为人师表，声名远扬。与太阳会照，则光明磊落，能富能贵。巨门在子宫或午宫，名为"石中隐玉格"，以巨门化权或化禄者为上格，以禄存同宫者为次格，无禄存吉化者更次之。主富贵双全，但以不走最高峰为宜，则一生位高禄厚，若取顶点，则有不良后果，或遭众人所指责，致身败名裂。巨门在寅、申二宫，均主名利双收，能成大富，声名扬于他邦，唯以寅宫为上格，申宫次之。在寅宫以身体发胖为合格。巨门在巳宫，不利父星，或幼年过继祀出，否则伤父，或幼年灾重病多，宜学专门技能，主劳碌。若得禄存同度，则福厚禄重，但性情俭朴而谨慎，主富。如化权、化禄，则魄力极大，善创业，主贵。巨门在亥宫，有化权、化禄或禄存同度者，主既富且贵，名震他乡，但以锋芒太露，志高而傲，易为人指摘。巨门在辰宫，如化权或化禄，主富格，再会禄存，主大富。如巨门与文昌同躔辰宫，而巨门化禄，文昌化忌，最为奇格，主大富大贵。因戌宫天同星能化和忌星之恶而为用。巨门、天机在卯宫，有化禄或化权或禄存同度者，并有左辅、右弼、天魁、天钺会照者，主极贵。巨门、天机在酉宫，虽有化禄、化权或禄存吉星同度，则主贵而不显、富而不久。以上各宫位，均以三方四正不遇擎羊、陀罗、火星、铃星为合格。巨门星与天同星同度，在丑宫、未宫者，有刑克，辛劳多是非。化禄、化权，虽吉不长。巨门在戌宫，化权或化禄者，乃奇格，因为太阳在午宫，是日丽中天，会照巨门，则阴暗之气消尽矣。

(注）本段论巨门的命局。

巨门与天同、太阳、天机三曜，或同度，或对照。

当巨门坐子午宫时，必与天机相对。此格见禄权或禄存，即合“石中隐玉”格局。主人才智内蕴。但正由于宜隐不宜显，所以不宜取高峰职位，亦不宜出锋头。

古人说：“巨门子午禄科权，石中隐玉福兴隆。”即指此格。但见擎羊同度则为破格，主人困滞。据王亭之的经验，当流年命宫行至此局，有流羊飞入即不主吉祥。

“巨门天机”同宫于卯酉，在卯宫，借会丑宫的“太阳太阴”，较在酉宫借会未宫的“太阳太阴”为佳，所以见辅佐吉曜者，卯宫可贵显，富亦耐久，而酉宫则有贵而不显、富而不久的缺陷。

古人说：“巨机居卯，乙辛己丙人位至公卿。”又说：“巨机酉上化吉者，纵遇财官也不荣。”即为此论。

女命不喜见“机巨同临”，古云：“巨门天机为破荡。”谓纵富贵亦主淫佚。

巨门在辰戌宫独坐，对宫必为天同。但二者皆非吉位。古人说：“辰戌应嫌墓巨门。”即是此论。唯辰宫的巨门见权禄尚可主富。

在辰宫，有一个重要格局：巨门与文昌同度，辛年生人主富贵无伦（坊本只言巨门在辰戌，“辛生人命遇反为奇”，少了文昌同度这个条件）。在戌宫见吉化亦为奇格。

“巨门天同”于丑未同度，已详前论天同一节。

巨门在巳亥宫独坐，必与太阳相对。以在亥宫为吉，因为所会的太阳入庙；巳宫巨门会亥宫太阳落陷，故不利父亲，且须经历艰危然后成业。亥宫的巨门易招是非，故不宜出锋头，且应戒骄躁。

“巨门太阳”在申寅宫，已详前论。

凡巨门坐命，最畏四煞同会，以下为一些古人的论述：

“巨门四煞陷而凶。”

“巨门守命，见羊陀，男女邪淫。”

“巨门陀罗同居身命或疾厄宫，主贫困，体弱残疾，祖业飘荡，奔波劳碌。”

“巨火擎羊，终身缢死。”

“巨门火铃，逢恶限死于外道。”

“巨门守命，三合煞凑，必遭火厄。”

“巨门火铃，无紫微禄存压制，决配千里，遭凶。”

这些论断，主要是说明巨门怕煞的性质。故前论各种格局，见煞即破格。依王亭之的经验，巨门见流煞，亦主其年流年不利。

巨门 巳	天机 午	未	申
巨门 辰	巨门星系组合图		酉
天机巨门 卯			天同 戌
太阳巨门 寅	天同巨门 丑	巨门 子	太阳 亥

(1) 命　　宫

巨门星临命宫,主人面色青黄。与太阳同度或会照,主面色红白或红黄。长方面或长圆面。入庙或太阳在巳宫、午宫者,主肥胖,中高身材,否则主中等身材,或瘦小。性情忠厚,面目清秀,有专门技能,善口才,能急辩。有正义感,无事奔忙,多学少精,能学法律、机械、医学及星相杂艺,或是大众师表、帮会领袖。最喜化权、化禄及禄存,则能富能贵。若化忌星,则口舌连连,灾祸纷纷。凡事多疑少决,举棋不定。与陀罗同宫,则身有异痣。与擎羊、陀罗、火星、铃星、劫煞、天刑、阴煞,无禄存、化禄、化权解化者,主有投河服毒、轻生自尽等情发生。或遭火灾,或被配发前线,或则奔波千里。做事颠倒,主张全无。

女命巨门星临命宫,入庙或有禄存、化权、化禄者,主富主贵,而且寿命极长。若落陷或化忌,则口舌厌人,多事多非。若与擎羊、陀罗、火星、铃星、天刑会照,则主刑克寿夭,以继室偏房为宜,但仍多争多斗。

大限流年巨门星躔度,化权、化禄或禄存同度者,主事业发展,能创大业、成大事,诸事视凶实吉,名利双收。若化忌或会照擎羊、陀罗、火星、铃星者,主官非牢狱之灾,刑克或遭火灾兵惊抢偷,多无妄之灾。

(注)本节所论,亦可征引古人论述来作参考:

“鼓掌是非,于人主暗昧。疑是多非,进退难开,欺骗天地。其性则面是背非,六亲寡合,交人初善终恶。”

“巨门身命逢之为忌,对宫火、铃、白虎为伴,无帝、禄,决配天涯。煞凑重逢三合,必遭水厄之殃。”

“巨门庙旺,虽富贵不耐久。”

“巨门守身命,一生主口舌是非。”

由是可知,怕煞,喜禄权,为巨门的特性,尤喜庙旺的太阳同度或会照。

女命巨门，与男命同，亦宜见吉化及禄存。唯现代社会，男女同有职业工作，巨门即使化忌，亦可投身以口舌才能为主的职业以求化解。如演艺、推销、公关、教师，均属此类。

女命“天同巨门”，感情特多困扰，化禄则不过终有结局而已。

大限流年命宫见巨门，亦喜化禄、化权及流禄，若与原局禄权叠合、叠冲，则主吉利（唯“诸事视凶实吉”则为其独特现象）。

若流煞、流化忌冲照，原局又有煞忌，则灾祸起于俄顷。

(2) 兄弟(姊妹)宫

巨门星临兄弟宫,主刑克不和,口舌争斗,或有异母弟兄。与左辅、右弼、天魁、天钺、文曲、文昌、恩光、天福等星曜会照,并有化权、化禄及禄存等星同躔者,主弟兄创业有成,三人以上。但须与太阳同度者方合。与天机同度,各有机心,东西分离。与天同星同度,有结义弟兄,但始善终恶。与空劫、大耗会照,受弟兄之剥削。与擎羊、陀罗、火星、铃星、阴煞、孤辰、寡宿会照者,刑克,是非纠纷。化忌星,亦主口舌是非,病灾破耗。

(注) 巨门临兄弟宫,古人认为"主骨肉不足"。故多主兄弟口舌纠纷,或异母兄弟。

"天同巨门"同会,尤为不吉的组合,若化为忌星之时,见煞则主刑克,否则亦易不和,尤不宜结拜兄弟,主始吉终凶。

"太阳巨门"在寅宫为最佳组合。虽有化吉,亦不主兄弟助力,不过主兄弟能创业有成而已。

"天机巨门"同会,亦为不吉的结构,易口和心不和。

凡巨门守兄弟宫,见煞刑耗,主因兄弟而破耗。

(3) 妻宫(夫宫)

巨门星临妻宫,常有口舌之争、闲气等情,以长配为宜。如与太阳同度,则性情豪爽,做事明朗,勇于负责。有化权、化禄、禄存、左辅、右弼等吉曜会照,助夫教子,聪明善解。与天机同度,遇吉化,则敏感聪明,美丽大方,持家有方。天同星同度,虽聪明,有刑克生离。如与擎羊、陀罗、火星、铃星、天刑、孤辰、寡宿会照,主克二妻,生离,分居,口舌。

女命巨门星临夫宫,有太阳、化权、化禄、禄存、左辅、右弼、天魁、天钺等吉星会照,主嫁既贵且富之丈夫,多才多能,事业伟大,而为人所敬慕者。如化忌星,则口舌是非,都各以自己的理由为理由,多无意义的争闹。如会照擎羊、陀罗、火星、铃星、天刑者,主刑克分离,三嫁之命。以继室偏房不举结婚形式之同居为宜。此为多气多争之星曜。

(注)巨门在夫妻宫,每多不吉。古人说:“巨门在夫妻宫,主生离死别,纵夫妻有对,不免污名失节。”

此论未免过于苛刻。仅在煞忌刑曜齐集的情形下,始主口舌刑克生离,未必主“污名失节”。

女命巨门在夫妻宫者,丈夫以长配为宜。因为一般情形下,女命巨门者多口舌闲气,故宜丈夫迁就,此乃用后天人事补救。

无论男女命,巨门于夫妻宫,恋爱必须经波折,初恋不能结合。又主婚前易与已婚者恋爱。“天同巨门”守夫妻宫者尤确。

巨门独坐子午者,若左辅、右弼一入命宫,一入夫妻宫,主生离。纵会吉,只主感情和睦,仍主分居异地。

巨门独坐辰戌,配偶可以任劳任怨,见左辅右弼,反主感情不佳。

巨门独坐巳亥,主与夫家或岳家不和。

(4) 子 女 宫

巨门星临子女宫,以迟得为宜,如与太阳同度,会照左辅、右弼、天魁、天钺、禄存、化权、化禄者,主三人以上,能秀发,既富且贵,聪明多才,强祖胜父之跨灶郎。天机同度,须过继或分居,否则刑克。天同星同度,会煞曜,招祀子。与擎羊、陀罗、火星、铃星、空劫会照,主孤单。化忌星、空劫、大耗会照,主得子多病多灾,破耗金钱后再刑克。此为孤独的星曜,必须太阳照临方除阴暗之气,化权、化禄、禄存同度,方生祥和之光。

(注)巨门在子女宫,一般情形下主长子难养。盖巨门为暗曜,必须太阳入庙然后才足以解其阴暗。唯仍主损头长。

巨门与天机同度或相对,纵会吉,亦主父子各怀机心,故必须分离异地然后可以化解。

巨门与天同同度或相对,不会煞,则防子女意志薄弱,会煞,又主子女孤单。

巨门与太阳同度或会照,为最佳结构,寅官者吉。且能得佳儿,会吉,子女多才,可以富贵。

唯天同不宜与左辅、右弼同宫,主亲子不得力,庶子反而得力。

(5) 财 帛 宫

巨门星临财帛宫，主由劳神费力及凭脑力口才得来，能白手创业。化权、化禄、禄存同度，主富厚，但最忌志高气傲、锋芒迫人，则必受人挤对，遭遇极大困难，为大众所推翻，或为其子女所败耗。太阳同度，主得人之信赖，扩展已成的基业，并能得异国人士之推崇。天机同度，多进多出，多变动。天同星同度，由技术、艺术或白手创业或律师、法官、医师等职业起家。与擎羊、陀罗同躔，多纠纷涉讼。火星、铃星、空劫、火耗同度或会照，则有兵灾、抢劫、火灾等损耗。

(注) 巨门临财帛宫，一般情形下主是非竞争，故多劳神费力。

巨门喜化禄及禄存，在财帛宫尤喜，可以富厚。但由于本质主是非，所以不宜气傲。

太阳化权、巨门化禄，为最佳组合，主可受异族人之提拔及恩惠。

天同巨门则主白手兴家。天同化禄者尤佳。

然巨门最忌火星、铃星，故二曜与巨门同度之时，再见劫耗，则主火兵之灾。

(6) 疾病宫

巨门临疾病宫，主阴损、暗伤、肺病、阴疽、胃癌等症。天机同度，肝胃不和或肠胃多气，心闷郁结。太阳同度，血压高，目疾头昏头痛、虚火上升。陀罗同度，半身不遂。天同星同度，坐骨神经痛、腰痛、肌肉日削月朘，或脓血湿疮等症。禄存、化禄同度，胃病。化忌，口疮病多。

（注）巨门为阴土，主脾病，亦主湿气、湿疮等疾。

巨门为口道，故又主呼吸器官及胃病。见禄存则主胃病，见天同则主呼吸器官疾病。

唯“天同巨门”同度，又主骨病，如骨质增生之类，引起神经痛。

巨门见羊陀、化忌、天刑，有生胃癌及食道癌之可能。

巨门见火铃、化忌、刑耗、天虚等曜，则为阴疽或肺病；煞重，则可能转化为肺癌。

巨门与太阳同度，主高血压。

“巨门天机”，主肝胃不和。

(7) 迁 移 宫

巨门星有化权、化禄或禄存同度，入庙临迁移宫，主出外大发，以演说善辩口才，名扬他方。在政则为司法人才、外交要员；在商则为公司营业负责人。巨门化忌星，则出外口舌纠纷，进退不决，多疑不定，东奔西走，劳碌异常。太阳同度，出外风光，有意外收获。但太阳在巳宫、午宫者，易遭小人的忌恶。天同星同度，有化权、化禄及禄存同度者，出外白手创业。与擎羊、陀罗、火星、铃星、天刑等星会照者，出外遭灾，少人缘，多是非。流年化煞，牢狱之灾，死伤刑克。

(注) 巨门守迁移宫，最畏太阳化忌，尤其是当太阳在庙旺宫度时，主受人尤怨或无端惹是非。

若巨门化忌，则仍多口舌，且内心犹豫，进退失据。

天同化忌之时，少奔波，但煞忌刑凑，则主受灾厄。无同化禄，或禄存同度，或巨门化禄、化权，始主出门可以立业，白手以成大富。

天机化禄，亦主出外可以创立基业，若化为忌星，则少人缘且主失意。

若申宫立命，无正曜，对宫为"太阳巨门"，得太阳化权、巨门化禄，则主人离家发福，在异域可以创事业甚大。

流年迁移宫见巨门，必须见禄，然后可以在外地投资，若有流煞入度，亦主损失，煞重且惹无妄之灾。

(8) 交 友 宫

巨门星化权、化禄或禄存同会吉曜入庙临交友宫，主交友虽多口舌之争，但多创业多谋之友，或有直率好辩之勤力多才的职员。太阳同度，主得畏友，或得仗义善说之友好。天同星同度，则多口是心非、言行不一的朋友。化忌星则少友助，多口舌，多纠纷。与擎羊、陀罗、火星、铃星同度，主遭非友之拖连，是非口舌，或手下人之无义。与空劫、大耗、阴煞同度或会照，主因友破耗或为手下人所盗窃。

(注) 巨门在交友宫亦宜见禄，则能得益友以助创业。见煞主受人反逆。古人云：“巨门奴仆暗逆。”即为此论。

在各星系中，以太阳与巨门同度或相对之组合为最佳。太阳入庙，主得诤友，化忌始主多是非。若“太阳巨门”化权禄，则可结交异族而得益。

“天同巨门”的组合，下属心口不一，多是非口舌。

“天机巨门”的组合，则下属多浮滑之士，少助力。

巨门最不宜化忌，除主口舌之外，并主手下人无义。再见刑煞，自多纷扰。

巨门宜化禄，及见禄存，不宜见煞忌，尤畏羊陀，此性质在十二宫皆然。

(9) 事 业 宫

巨门星入庙临事业宫，主创业或由专门技能发展，或为医师、法律家、政治家、军事家，以及在星相艺术上发展，或为帮会领袖、宗教宗主，以超人的头脑、灵辩的口才得成功。入庙有化权、化禄及禄存等吉星同度者，为军政界的要人、社会的闻人、商业界的巨子。与太阳同度，则名重于财，天机同度，变动多端，不能以一事一职终其生。时文时武，时东时西，幻想多，欲望重。与天同星同度，则有头无尾，事多不能结束。化忌星，则事业不安定，多是非口舌之争，多纠纷，成中多败。与擎羊、陀罗、火星、铃星、空劫、大耗、天刑等煞星会照者，则在事业上多官事涉讼、纠纷争斗，职业不稳，事业不定，灾祸纷纷。时有意外之财，但横得横失，或奔波江湖，或遭受意外的失败，或特殊的打击。

(注) 巨门在事业宫，以口才为主，但各种星系组合，仍有不同的特性。

"太阳巨门"的组合，主名大于利，盖太阳主贵不主富。

"天机巨门"的组合，主人宜机变以求财，不宜专守一业。

"天同巨门"的组合，则感情重于理智，故宜自由职业，且有艺术潜能。

无论何种结构，见禄权则吉，见羊陀则凶。纵有一时之得，但终得不偿失。

流年事业宫见巨门星系，凡化为忌星，有羊陀冲起，再见大耗，防官非。若与白虎或贯索同度，则有重病，或牢狱之灾。见禄权科，始主吉庆。

(10) 田 宅 宫

巨门入庙临田宅宫,有化权、化禄及禄存吉曜同宫者,自置产业。太阳同度,虽有田产,但因产业而明争暗斗,多闲气。天机星同度,时起时落,易立易败。天同星同度者,多因低陷水田河沟等而起纠纷。巨门星化忌,家宅不安,因口舌是非而远离,或家宅中多闲是闲非。与擎羊、陀罗、天刑会照,主因住宅或产业发生纠纷或涉讼,或家中人口多刑伤灾祸。与火星、铃星、空劫、大耗、天月、阴煞会照,主家宅遭兵祸或火灾,或抢劫偷盗,或主本人漂荡四海。

(注) 巨门本身有飘浮之性,所以不宜居田宅宫,盖田宅的性质宜稳定。

但当巨门见化禄之时,则虽产业不断变换,但始终有自置。

巨门对太阳,宜在申宫,则能得寅宫的太阳照会,只要不见化忌及羊陀,则仍主发越;唯若见太阴化禄、天机化科、天同化权夹拱,而巨门化忌,则田宅虽旺,仍多是非。倘羊陀同会巨门,则家宅虽发财亦惹灾病。

巨门对天机,产业时时变动,亦主搬迁频仍。见煞忌则可能一生飘泊。流年逢此星系,可能为工作环境变动。

巨门对天同,以戌宫为较佳。太阴太阳皆在庙旺之地,主家宅或服务机构获吉。流年逢此,则有一年之安定。但煞忌刑凑会,又见火铃,则主火灾。见阴煞,则有被盗之虞。

(11) 福 德 宫

巨门星临福德宫，主人劳心劳力，费精费神。化忌，心神不定，失眠，举棋不定，做事不能一气呵成，半途每思改变，或取消重做。天机同度，改变心更重，做事半途改动，或从头再做，或追悔，或觉精神不通畅，不痛快，主为人敏感。与太阳同度，虽操心，但能享受。唯与天同福星同度，无煞曜，能快乐安宁。与擎羊、陀罗、火星、铃星同度或会照者，则主自寻烦恼，胸闷气结，多忧多虑，口舌纠纷，无福可享。

(注) 巨门在福德宫，最大的特色为劳心不安。

当化禄、化权之时，事业虽佳，但仍主费神，必事事亲力亲为，然后放心。

当见煞曜之时，更主操心劳碌，进退犹豫，且招惹压力。

巨门于十二宫守福德，都有这种劳心的特色，仅程度轻重问题。“天同巨门”为较佳的星系，劳心程度较小，但只要会上煞曜，仍多踧踖不安。即使不见煞，那种安宁，亦属于广府人所说的“大安旨意”而已，一旦发生事端，则仍必追悔。

更坏的是，纵使见禄权同会，亦仅主其人追求物欲之心强烈，并不是精神上的愉快。

(12) 相貌(父母)宫

巨门星临相貌宫,必须过继出祀,否则克害刑伤。天机同度,必须祀出或再拜父母,否则刑克分离。太阳星同度,父子间有争,多闲气。天同星同度,不利父母,或则祖产逐渐退败,或祖产被他人所夺。有化权、化禄及禄存同度者,无刑克,或主父母富有及有遗产。与擎羊、陀罗、火星、铃星、空劫、天刑会照者,主伤害刑克,父母不能双全。

(注) 巨门于六亲的宫位都为恶曜,在父母宫亦不例外。

见禄,必须全无煞忌会照,然后始主父母双全,否则仅为父母富有之征。

最坏的结构为"天机巨门",克害的程度最大,但在现代社会,当父母宫见到这种星系,却又往往变成自小即寄养,因为父母要工作,无闲照拂子女。这可以说是最自然的趋避。

流年见巨门在父母宫,煞忌刑凑,或主刑克。

十一、天相星

天相星在五行属阳水，在天属南斗星，化为印星。印的本身是能善能恶的，但是这善恶的趋势是由执印的人去左右的。譬如法堂上的一颗印，能使人升官发财、骨肉团聚，也能使人受刑受罚、家破人散。这善恶的不同，便是由执印人的用途来区别它。我们再拿天相星来说罢，天相星的意义，无疑的是相助的意思，是宰相或军师的地位。一位宰相或者军师的唯一义务，便是忠于主人，为主人设计参谋，以主人的利害为利害。所以主人善的便助其为善，主人恶的便助其为恶了。因之天相星的作风，便是逢好则更好，逢凶恶则更凶恶。它在十二宫的命盘上，我们便无法指定它究竟是善星祥曜，还是凶星恶煞。它的是善是恶，是跟着其他相遇拱照的星曜和环境来变动的。所以天相星临命宫，或者是在身宫，左右有化禄星及天梁星夹持，便是“财荫夹印格”，主富贵荣华，享受快乐。天相星陷命宫或者在身宫，有化忌星及擎羊星夹持左右，则称之为“刑忌夹印”，则主人遭受牢狱之灾，并有刑伤等情发生了。

（注）天相为“印星”，前人譬喻为替皇帝掌玺的大臣。所以虽然正直、忠厚，但却缺乏个性。

在斗数，常有相互制化的星曜。如紫微驾御七杀，太阳化解巨门之暗，太阳化解天梁之孤，廉贞可发越七杀的英华，太阴可以调和天机的浮动等。天相亦有这种功能，而且可以说是它唯一的独立功能，那就是能调和廉贞一曜的浮躁。

本节“讲义”介绍了两个很重要的格局，即“财荫夹印”与“刑忌夹印”。

陆先生的擎羊及化忌夹天相为“刑忌夹印”之局，与王亭之的师传不同。师传天梁亦为“刑星”，因为天梁虽化气为荫，但亦掌宰杀之权，所以不必擎羊始可为“刑”。

这个分别，常能影响一些流年的推断。

<table>
<tr><td>天相
巳</td><td>破军
午</td><td>破军 紫微
未</td><td>破军
申</td></tr>
<tr><td>紫微 天相
辰</td><td colspan="2" rowspan="2">天相星系
组合图</td><td>破军 廉贞
酉</td></tr>
<tr><td>天相
卯</td><td>破军
戌</td></tr>
<tr><td>武曲 天相
寅</td><td>天相
丑</td><td>廉贞 天相
子</td><td>破军 武曲
亥</td></tr>
</table>

（1）命　　宫

天相星临命宫，主人面色清白或略带黄色。方面型或略带微圆。中等身材，亦有肥胖者。性情宽厚，态度大方，举动稳重，有正义感，路见不平，能拔刀相助。信仰宗教，喜修行，感情容易冲动。对于任何人的困难或不良的遭遇，便会生同情心，最喜与左辅、右弼、天魁、天钺、三台、八座、天贵、恩光、天德、解神、天巫等吉星会照。若再逢化禄、化权、化科及禄存、天马躔度，则主人位居极品，出将入相，国家砥柱，社会领袖，既贵且富。如天相星与紫微、禄存同度，主为人有偏见，或主见极深，好争权，同时也容易遭到小人的倾挤。与武曲、廉贞及贪狼、天才、凤阁等星会照，主为人聪明好学，多才多艺。若再与擎羊、陀罗会照，在陷地，则主人以技术或艺术养生。有禄存及化禄、化权、化科者，以专门技能或艺术起家。如与火星、铃星、天刑、天月、阴煞、空劫、大耗等煞星、恶曜会照者，主刑克，或自身残疾。若与武曲、破军、文昌、文曲、左辅、右弼、陀罗、天马、化禄等星曜拱照者，则主人时成时败、忽起忽落。成功则增田置产不可一世，失败则牢狱灾祸，小人包围，刑克伤害。此吉中藏凶而凶中藏吉的忽善忽恶变化。

女命天相星临命宫，主人聪明持重，有丈夫志气，有化禄、化权、化科及禄存、左辅、右弼、天马等吉星会照者，是夫人之命，旺夫教子，富贵双全。若文昌、文曲、化忌、擎羊会照，则主孤独，以出家修行，或以继室偏房及不举行结婚仪式之同居为宜。否则刑克分离。

大限流年天相星躔度，三方四正有左辅、右弼、化禄、化权、化科及禄存、天府等吉星会照者，主财丰禄厚，位高爵重，结婚添子，名利双收。若与破军、武曲或七杀、擎羊、陀罗等星会照，则主口舌官灾，小人阴害，倾家破产。更逢天刑、火星、铃星、空劫、大耗、天虚等煞星会照，则刑克重重，且自身时觉空虚，有自杀的企图。无吉星祥曜化解，便主死亡灾祸。

（注）天相星在十二宫中分布，跟三颗星曜的关系很大，即武曲、廉贞、紫微。

在子午宫，廉贞与天相同度，对宫为破军；在卯酉宫，廉贞独坐，对宫为“廉贞破军”。廉贞带敏感的性质，但同时有点躁决，得天相同度或拱照，即转化为聪敏。

所以天相、廉贞二曜的组合，以不从政从商为宜，不如以一己的聪明才艺来作为事业的基础。

因此这个星系就特别宜于见文昌文曲、龙池凤阁、天才等星曜，可增加其人的才艺。若不见煞，在官不过闲曹清贵；若见煞，则以才艺成名，反而安逸。

在丑未宫，天相独坐对“紫微破军”；在辰戌宫，“紫微天相”同度对破军。这组星系，天相因紫微的关系，变得有点独断独行，同时亦增加了他的权力欲，所以便宜从政。若从商，亦有寡头的味道。

在星曜组合中，便喜见三台八座、恩光天贵、台辅封诰、左辅右弼、天魁天钺的拱会。喜见禄权科的吉化。无煞宜从政，有煞可从商，皆得崇高地位。

但亦不宜忽视破军的反叛性影响，尤其是在天相独坐对“紫微破军”的场合，反叛挫折的倾向很深。

在寅申二宫，“武曲天相”同度，对宫为破军；在巳亥二宫，天相独坐，对宫为“武曲破军”。“武曲破军”二曜的破坏力很大，所以便影响到天相亦带恶性的敏感，遇事喜从坏处着想，且时生改变之心。

这个星曜的组合最喜见禄存或化禄，有禄羁縻，破坏力会因之变得温和。亦喜见辅佐诸吉，对煞曜的抵抗力则较弱。

天相不甚畏羊陀之夹，但重重夹制则掣肘太大。最忌陀罗同度，主人犹豫反复。亦不喜火铃冲会，主易惹灾祸。

古人说："天相守命，遇火铃冲破，残疾。"又说："天相四煞同宫，因财被劫。"又说："天相陷地，贪廉武破羊陀凑，只宜巧艺安身。"亦为天相见煞之论。

女命天相，古人喜见，因为天相之辅佐帝枢，恰似古代女人之主操内政，扶持夫主。所以喜见魁钺、辅弼、禄马、三吉化来会。

古人说："天相之星女命躔，必当子贵及夫贤。"即是这个道理。

可是天相女命却绝不宜见文昌文曲，因为昌曲主聪明，古代女子聪明便薄命，因而也便有"女命昌曲冲破，侍妾"的说法。

若见昌曲再见煞忌，自与女命更加不宜，所以主婚姻不利。

现代社会对古人的论述应作适当修正。处于辅佐地位的天相，可能只是在事业上能扶持上司及老板，而昌曲同会之时，女命亦未尝不可以借才艺来安身。

唯女命天相，配夫始终以年长为宜。尤其是天相在丑未二宫独坐，对宫为"紫微破军"的场合，配夫长十二年以上始易适应。

大限流年见天相在命宫躔度，要留意流煞及流化会不会将原来的组合变成"财荫夹印"或"刑忌夹印"。这是推断大限及流年的一个重点。

先作上述判别，然后才留意本节"讲义"所述的吉会、煞会。留意到前述各种天相组合的性质，即能作出准确的判断。若只注意吉煞，而不注意到"夹印"的情况，对天相来说，容易推断失误。此点乃王亭之师传"中州学派"的特色，为诸家所未提及。

(2) 兄弟(姊妹)宫

天相星临兄弟宫入庙,有左辅、右弼会照者,五人以上。紫微星同度,三人以上,弟兄好强好高。武曲或廉贞同度,意见不合,二人。武曲、破军拱照,有左辅、右弼者,弟兄虽多,但有刑伤,或异母弟兄,及有年龄相差颇多之小兄弟。与擎羊、陀罗、火星、铃星、天刑会照,主刑克,六亲无靠。与空劫、大耗会照,亦主孤独。有化禄、化权、化科及禄存同度者,主弟兄秀发,有地位,有财。

(注)天相临兄弟宫,一般情形下主和睦,只有“武曲天相”或天相对“武曲破军”的情形下,见煞忌,然后主兄弟姊妹不和(或见刑克,或主异胞,详实际组合而定)。

天相有四煞同度会照,孤独无疑。同时会化禄、化权、化科者,仅主兄弟姊妹能发,孤独的性质不变。

(3) 妻宫(夫宫)

天相星临妻宫，主得聪明贤淑、持家有方、容貌美丽的妻子。以长配或亲上加亲为宜。紫微同躔，主得志高有计划的妻子，以迟娶为宜。武曲同度，有灾伤或口舌，意见不合。武曲、破军拱照，主刑克分离，或在结婚前曾与他人解除婚约，或结婚前阻碍极多，一再拖延者免克，否则主二妻之命。廉贞同度，无刑克，有化禄及禄存同度者，有美满结果或因妻得财。与化权、化科、文昌、文曲、天才会照，主得多才多艺之妻子。与化忌会照，主口舌不和，或多病多忧。与擎羊、陀罗、火星、铃星、空劫会照，主刑克分离孤独。

(注) 天相加临夫妻宫，古人有“亲上加亲”的说法。由于社会背景不同，现在这项说法应修正。

依照王亭之的征验，这项性质，目前已转变为同学、同事间的恋爱；或曾经交游，未发生感情，后来于疏隔一段时期后，忽然发生感情；又或为跟兄弟姊妹的同学、同事恋爱结婚，皆属于“亲上加亲”。

“亲上加亲”的说法，是由于天相于十四正曜中最缺乏独立性，作为“印星”，因此就每藉家族的关系来完成婚姻。所以在现代社会中，男女凭友人介绍而恋爱婚姻，应该亦适合天相的特性。

于各星系中，以武曲破军天相的组合，婚姻的挫折机会最大。若为“刑忌夹印”且见煞曜的场合，或竟主终身无婚姻的希望。女人即所谓“清福”之命。

(4) 子 女 宫

天相星临子女宫,有化禄、化权、化科或禄存、左辅、右弼、天魁、天钺及天府星会照者,主五胎以上。紫微同度,主得志高倔强之子,三人以上。廉贞同度者,二人。武曲同度,二人。武曲、破军拱照者,主刑克,宜迟得。长子或首胎有小产、流产或损伤,以先花后果为宜,或先祀立他人之子,否则都继室偏房生子。与擎羊、陀罗、火星、铃星、空劫、天刑会照,主刑克,若同时会照左辅、右弼者,主前三胎有损伤,须继室偏房生子,但继室偏房之第一胎,仍有损伤或小产等情发生。

(注) 天相在子女宫有一个特点。

若见辅佐诸曜齐集而不见煞,则子女众多,但若无辅佐,则极难得子(可以有女),必须招养外子或偏室先生子,然后正室始可得子。

这个基本概念相当重要。

众多天相星系中,以“紫微天相”的组合最宜子女宫,主子女有独立能力;以天相对照“武曲破军”的组合为最不宜,主子女有叛逆的行为而无叛逆的性格。

(5) 财 帛 宫

天相星临财帛宫，会天府星，有化禄或禄存等吉星会照者，主财源富足，有积储。与廉贞同度，从商则长袖善舞，必然能发。紫微同度，有意外之财，因之能突然富有。武曲同度，以专门技能或艺术上得财利。与武曲、破军拱照者，主财时得时失，忽成忽败，或先破祖业，然后有成。再会空劫、大耗，主财来财去，时或寅吃卯粮，少积储。与擎羊、陀罗、火星、铃星、天刑等星会照，主因财起争，纠纷，倾家破产，或至牢狱之灾。无吉化并主有生命危险。

(注) 天相守财帛宫，必须见禄，且以化禄为宜。因为化禄既可使所会的天府不成“空库”，又可化解廉贞、破军的不良性质，且可使武曲成为“财星得禄”，因之对天相在十二宫的组合而言，可谓无所不宜。

具体情形除本段“讲义”所述之外，当须留意“夹印”的情形。

又据王亭之的师传，“中州学派”最不喜陀罗与天相在财帛宫同度，主人得财必费心力，而且招人妒忌(因陀罗化气为忌)，由是引起恶性竞争。更遇火铃冲破，必先破尽祖业，然后艰苦兴家，主四十后始成家业。

这种组合的意义，读者不妨注意，为坊本所无，“讲义”亦未提及，故谨提出作为补充。

(6) 疾 病 宫

天相临疾病宫，与武曲、破军拱照者，主破相或面上有瘢。与紫微同度，主胸闷气胀，皮肤湿疮。与廉贞同度，主有糖尿、膀胱或肾脏结石。若再会照红鸾、咸池者，则有淋浊、梅毒或遗精手淫等症。与空劫、天虚同会，主身体虚弱亏损，女子经痛带病。与擎羊、陀罗、天刑会照，主风湿骨痛或动手术，并主心跳或心脏衰弱、手足不便等症。火星、铃星、天月会照，主感冒呕吐或皮肤湿症。

(注) 天相属阳水，故主肾脏及排泄系统的疾患。

天相与“武曲破军”相对，则主皮肤过敏、皮肤湿热或由糖尿病引起之皮肤痕痒。

“廉贞天相”的组合，则为尿道、输精管、输卵管的疾患，见桃花及化忌，则为性病。

天相与紫微的组合，无论相对或同度，均主胆病或常生呕吐、反胃等疾。

(7) 迁 移 宫

天相星临迁移宫,有化禄、化权、化科及禄存、左辅、右弼、天魁、天钺等星会照者,主在外有贵人提携,有特殊机遇,得一般人之拥护,地位既高且能大发,并主得异邦人士之推崇。紫微同度,地位崇高,被人敬慕。与武曲同度,主在外得意外之财;或则名利双收。与武曲、破军拱照者,主性情刚毅,出外有成有败,少人缘。与空劫、大耗、劫煞会照者,主出外破耗,一生多波折。与擎羊、陀罗、火星、铃星、天刑等星会照者,主出外孤独,少人助,或遭遇灾祸,或遭遇小人之陷害。

(注)凡天相在迁移宫,遇"刑忌夹印"者,绝不宜离乡背井以谋生;遇"财荫夹印",则可在外乡立业。

在现代社会,此项意义又变成赚外地钱财的性质。即"刑忌夹印"者,其事业性质以与外地无涉为宜;"财荫夹印"者,事业性质宜与外地有关,又不仅为迁移而已。

"紫微天相"在迁移宫为最佳组合,但不宜见羊陀同会,又不宜见火铃同度,主在外招灾。

"武曲破军"拱照的天相,为最不利的结构,必须见化禄、化权、化科(如甲己年生人),始主迁移发达。

流年天相守迁移宫,火铃照射,流羊与白虎同时入度,主在外惹刑事官非。

(8) 交 友 宫

天相星临交友宫,会照化禄、化权、化科及禄存、左辅、右弼者,主交友广多,且多助力,或因友起家,并得忠心之手下人。与紫微同度,主得畏友或有正义感的朋友。与武曲同度,则有无义多争之朋友。与武曲、破军拱照,朋友施恩遭怨,或因朋友破财。与空劫、大耗会照,主交友空虚,多破耗,或代友受过。与擎羊、陀罗、火星、铃星、天刑会照者,则所交往者,多剥削者或害群之马,无益匪人,或因友受害,多争不和,或遭手下人之偷盗或陷害。

(注)天相守交友宫,一般情形下,主下属及事业伙伴对自己忠诚。最宜见辅弼同会,则主得力。

但除非"紫微天相"同度,否则无论下属及伙伴如何忠诚得力,始终不能独自承当责任,需花精神去照顾,所以凡天相在交友宫,命宫必为巨门躔度或与巨门对拱,此即自身须劳心费力的表征。

补充这点,有助于读者对本段"讲义"的体会。

(9) 事 业 宫

天相星入庙,临事业宫,会照化禄、化权、化科及禄存、左辅、右弼、天魁、天钺者,主为国家要人、社会闻人、商界巨子,既富且贵,允文允武。三方四正无煞曜者,都于政治舞台上谋发展。与紫微同度,亦主进身政界。武曲同度,立功边疆。廉贞同度,亦主参与戎机,驰骋战场。与武曲、破军拱照者,有成有败,时得时失。与空劫会照,宜由技能艺术起家或创办工厂实业,否则主失败破耗;投机则倾家。有擎羊、陀罗、火星、铃星会照,事业多纠纷、多变化、多枝节,顺中多逆境,且主官灾是非。在政在军或遭遇突然的撤职,在商则有颠覆涉讼倒闭等情。

(注)凡天相在事业宫,无论处何地位,均不宜占取最高峰位置,以担当"副贰"为宜,否则即遭遇是非攻击。

凡天相有煞同度,有忌星会照,均不宜从政,否则一生多斗争灾难。常易被牵涉入漩涡之中不能自拔。

在现代,天相守事业宫者,亦可作商品代理,此即"副贰"之意。

以上的补充,当可补本段"讲义"之不足。

（10）田 宅 宫

天相星临田宅宫，有化禄、化权、化科会照者，或有禄存星同度，主产业丰厚。紫微同度，主中年增田置业。与空劫、大耗会照，主家产破耗。武曲、破军拱照，主家产祖业逐渐退败。化忌星，家宅不安宁，多病，多灾，多口舌事端。与擎羊、陀罗、火星、铃星会照者，主家业破荡或因产业起灾祸、涉讼、纠纷、是非。

（注）天相在田宅宫必须见禄，然后始可产业丰厚。

最佳的结构为廉贞化禄与天府同度，会照“武曲天相”，对宫破军化权，本宫武曲化科，则虽无祖业，却主自置丰厚，而且最宜与人组织有限公司，自身掌财权，公司的发展可以异常顺利。

天相见煞，主住宅不宁，亦主公司不宁，或受主管机构对自身诸多掣肘，凡此皆宜审度其性质以作趋避。

天相见煞，“武曲破军”对拱者，住宅或办公室对风水非常敏感。又主终身多住旧宅，或新宅必有缺陷。

(11) 福 德 宫

天相星临福德宫,有天府会照,并遇化禄或禄存、左辅、右弼,在三方四正者,主享受快乐,富贵寿考。化忌星,多思多虑,心神不宁。武曲、破军拱照,奔波劳神。空劫同度,多幻想,少实行,福薄。与四煞会照者,无福不安定,事多不能达到目的,多枝节。

(注) 天相守福德宫,因为星系结构不同,因而亦使人的内心世界发生变化。

天相与"廉贞破军"相对,最有正义感及同情心,不见煞则不流于偏激,不见昌曲即理智与感情可以平衡。

天相与"紫微破军"相对,最有理想,但却最易成为政治上的反对派,见煞则流为偏激,且不负责任。见昌曲却可以表现温和,而且负责。

天相与"武曲破军"相对,最有责任感,但却容易凡事欠缺主意,易受人支持,见昌曲者尤甚,见煞少则可激发起本身的意志(但不宜与陀罗同度),见煞重者,不过为人左右。

(12) 相貌(父母)宫

天相星临相貌宫,入庙,或旺,无刑克。武曲同度,主刑克。化忌星,多病多灾。廉贞同度,亦主有刑克。与擎羊、陀罗、火星、铃星同度,主早年有刑克。有左辅、右弼、天魁、天钺、解神、天德、天巫者,无刑克。

(注) 天相守父母宫,许多时候主有两重父母。当命宫有火星同躔之时,若父母宫为天相,见昌曲之外,又见辅佐"单星",则为两重父母之征。

更奇怪的是,当天相守父母宫见辅佐"单星"之时,许多人在服务机构中每每要对两位主管负责。这项征验,甚具时代意义。

故王亭之常主张用父母宫来观察人与上司的人际关系,当所谓刑克之时,即主上司不和或受钳制,当所谓无刑克之时,即主与上司关系良好,且受提拔。

十二、天梁星

天梁星在五行属阳土。在天属南斗星，主寿，化为荫星。天梁星无论在身宫、命宫或大限太岁躔度，都主有名士风味。随便、懒散、拖延。少年过宫，逢灾祸能化解。老年照坐，虽有病灾危症，亦主延寿。此星在命宫或身宫者，都主逢凶化吉，遇难成祥，因之一生每多灾险或非常的遭遇。这便是不逢凶不足以见它化吉的力量，不遇难更不足以见它化祥的功德。所以这个星曜临到，却是能化灾、化凶、延寿、延年，也亦必多灾、多难、多是非、多病痛。以天梁星临巳宫为最。天梁在命宫、身宫或福德宫的人，都能有宗教信仰，在佛教方面，便是说有来历，有善根的。与天机星同度，每多出世或看破红尘的僧道。与太阳星同度，在卯宫会照文昌、文曲、天才、凤阁等星曜，主有专门技能或艺术出众。任何技艺学问，都能出人头地，或登峰造极。在酉宫，虽然学有所成，但是声名远非卯宫之盛了。天梁星在午宫或在未宫，都主性情爽直，喜指示他人之错误，锋芒太露。三方四正有吉星祥曜会照者，为政清廉，经商诚实，处事方正，虽批评他人，但他人亦能接受。若天梁在午、在未有煞曜会照，或午宫有禄存同度者，则不宜批评他人，否则易遭他人之怨忌，少人缘，小人不足。因为天梁是正直的清宫御史，所以可以直谏帝皇，若有财星同躔，则宫度中，本身不清多财(因为清高者，多贫穷，所谓两袖清风)，则指责他人，必不能为他人所敬服。不敬服便生怨恨，有怨恨便有小人是非了。天梁在子，亦是聪明太过太露，自小便是目空一切，结果是施恩遭怨。天梁与天同星在寅宫或申宫同度，有禄存或化禄同度会照者，主人聪明机巧，多事业，一生兼负数处职务。无禄存或化禄者，则事业多变动，或流动性者，以寅宫为上，申宫次之。逢左辅、右弼、天魁、天钺，在寅申两宫，都主在政府机构、大众事业中谋发展。自创事业者亦以股份有限公司为相宜。天梁星在午宫，与文曲星、天才星同度或拱照者，三方四正会遇天魁、天钺、三台、八座等吉星或左辅、右弼的辅星者，在政便是监察院或立法院的头席要员。在商亦主为公司的监察人地位或理事等要职。以文曲同度者为上格，以文曲拱照者次之。

（注）天梁为寿星、为荫星，但同时亦为刑法纪律之星。古人所谓“循直无私，临事果断”，以及“佐帝座威权，为父母宫主”，即有刑法纪律的意味，不可只认为它主寿、主荫。

天梁“职位临于风宪”，“风宪”即是御史，司弹核、监督的职责，这亦有刑法纪律的性质。

于十二宫中，跟天梁有密切关系的星曜，为天同、太阳、天机。它们对天梁各有不同的影响。大致而言，太阳增加了天梁的原则性；天同则使天梁最具善荫之意，但同时亦减少了它的原则纪律；天机使天梁孤克之性增加，但却加深了它的灵动。

在各种天梁格局中，以“阳梁昌禄格”最为上佳，即“太阳天梁”在卯宫，文昌来会，禄存同度或会合；以天梁更化为科星者称为上格。古人说“阳梁昌禄，胪传第一名”，利于典试。在现代，则普遍意义转化为竞争得胜。

天梁居午，与太阳相对，称为“寿星入庙格”。古人说：“梁居午位，官资清显。”只主清贵而不主富，所以天梁喜在午宫化权、化科，而不喜化禄及见禄存（王亭之按：坊本以“寿星入庙”，丁己年生人合格，大误；丁己年生人禄存必在午宫，天梁见禄必多节枝。己年虽化科必仍有弊端，丁年生人更多咎吝，焉得谓之合格耶！）。

古人说：“梁同机月寅申位，一生利业聪明。”此即主要是天同对天梁的影响，使其可以成为“能吏”。

又说：“梁同对居巳亥，男浪荡、女多淫。”此乃指会煞而言。因为原则纪律性减少，所以就使天梁的孤克，转化为浪荡的意味。

“天梁天马陷，飘荡无疑。”

“天梁陷地见羊陀，伤风败俗之流。”

“天梁陷地，遇火羊破局，下贱孤寡夭折。”

如上论述，皆指天梁在巳亥宫而言。

天机增加天梁的灵动，同时亦变为神秘(如宗教信仰深，喜欢术数，喜欢哲学之类)。这跟“太阳天梁”不同，“太阳天梁”是研究与探讨，“天机天梁”则仅出于爱好。

古人说：“机梁会合善谈兵。”“天梁庙旺，与天机同宫，工翰墨，善谈兵。”古代文人以善谈兵法为一种才华的炫耀，因此我们实在不必拘泥于“谈兵”一点，视之为灵动及炫耀才华，反为得其本质。

<table>
<tr><td>天梁
巳</td><td>太阳
午</td><td>天机
未</td><td>申</td></tr>
<tr><td>天机 天梁
辰</td><td colspan="2" rowspan="2">天梁星系
组合图</td><td>酉</td></tr>
<tr><td>太阳 天梁
卯</td><td>戌</td></tr>
<tr><td>天同 天梁
寅</td><td>天梁
丑</td><td>天梁
子</td><td>天同
亥</td></tr>
</table>

(1) 命　　宫

天梁星临命宫，主人面色黄白。长方面型，鼻直颧高，身体胖瘦不一，唯以微胖者多。身躯中矮，亦有瘦长者。以午宫多矮胖，而巳宫多瘦长或微胖者。态度稳重大方，性情耿直。一生虽有灾过，但主寿长。见凶能化，逢灾能解。喜与太阳会照同度。再与文昌、文曲同躔者，聪明出众。但多心傲好胜。在午宫会吉曜，主富主贵，但喜直言，不畏小人；每为小人所忌耳。天机同度，博古通今，善谈好学，并识兵机。在申宫、巳宫、亥宫，多主漂荡。会吉星祥曜，则主远游各地或远涉重洋。天梁星在申宫、亥宫或巳宫，会天马、咸池、天姚、红鸾、天喜等星，而无禄存同度会照者，主风流自赏、贪色好淫、游荡好闲之人。与擎羊、陀罗会照，多遇灾险，有生命之忧者，或有牢狱之灾，或危症。与火星、铃星同度，多虚惊，生自杀轻生之念，或火惊刑场。与空劫、大耗同度者，主好游荡，无积储，多破荡。在巳宫立命者，每多负特殊使命或特殊职务者，或身兼数职，有公开者，有秘密者。如会擎羊、天刑、陀罗等星，则于酉年或丑年再会煞星，必主有突然祸生。如煞重者，有九死一生之危险，但终化灾成祥耳。如煞星在其他宫度者，则以大限或太岁流月躔临之时，有灾祸，则祸势较轻，且每多政商二界两潜职务，或多与政军界人发生关系。与文昌、文曲、凤阁会照者，亦主文化界人士，或经营文化事业者，或新闻事业者。

女命天梁星临命宫，入庙会吉星财曜者，主富贵双全，多才多艺。与太阳同度在卯宫，会文昌、文曲、天才、凤阁者，主有特长，聪明善说。与左辅、右弼会照，帮夫教子，心慈好施而爽直。若落陷会照擎羊、陀罗、火星、铃星者，孤独。再会咸池、天姚、红鸾、天喜、空劫、大耗，主浮荡，不安于室或至漂泊无依者。如会文昌、文曲者，以技艺谋生存。卯宫迁移，会擎羊煞曜，夫星不透。

大限流年天梁星躔度，会吉星祥曜，主福厚禄重，加官进爵，事业发展，喜气冲动，并主延寿。若与禄存同度，则须提防小人不足，小人倾挤。与擎羊、陀罗、火星、铃星、天刑会照，则主刑克、病灾、狱灾、伤害。与空劫、大耗会照，或与天同星、化忌星会照者，主死亡，倾家破产或有阴害、谋害等情发生。

凡天梁星在命宫者，或在迁移宫、身宫者，或大限流年流月躔度，必须退让三步，不骄不傲，提防小人，始能成大事、立大业。

（注）天梁喜入庙不喜落陷，入庙则安定，落陷则飘流。故不喜居巳、亥、申三宫。

其中又以巳宫的天梁较为凶险，因为巳宫所会为丑宫的"太阳太阴"，太阳于丑宫光热皆缺，不能解天梁的孤克。亥宫会未宫的"太阳太阴"，太阳则尚有余晖。

天梁在子午、寅卯、辰戌六个宫度入庙。

子午宫的天梁，均有太阳相对。以天梁坐子垣受午宫太阳照射时，孤克的性质最浅。但太阳的散射力却影响天梁，使其人缺乏内涵，容易变成尖刻。

午宫的天梁受子宫太阳照射，光与热都不足，亦以沉潜为妙，唯其本质则较在子宫者为深沉。

所以巳亥申三宫的天梁，见昌曲、禄马、桃花，反主流荡无根，贪色好酒。

而子午宫的天梁则不喜见禄，见禄反易破坏了天梁的沉潜。

其余寅卯、辰戌宫度，喜见辅弼、昌曲，则主人泱泱大度矣。

女命天梁，古人每嫌其孤克，而且有些星曜结构又带流浪的色彩，所以认为只有"太阳天梁"的组合利于女命。

所谓"天梁月曜女淫贫"，是指巳亥宫天梁坐命而言。见煞则"下贱孤寡"。

因此女命只有当入庙见诸吉的情形下，才许为佳造；其中又以卯宫为最佳(不过假如在酉宫安命,无正曜但会煞,对宫“太阳天梁”在卯,则反而是不利夫星的结构,在现代往往难以找到适合的结婚对象)。

女命天梁落陷,再见煞,多孤寡刑克,以迟婚为宜,配夫不宜年长,或丈夫比自己年少。

大限流年见天梁,纵会吉曜,亦必同时发生麻烦困扰;若见凶煞,则事件之发生,每多来势汹汹,但亦必能化解。

天同化忌会照,见煞刑并凑,倾破甚大,又往往为死亡之兆。

(2) 兄弟(姊妹)宫

天梁星入庙临兄弟宫,会照左辅、右弼、天魁、天钺者,主五人以上,和气。无左辅、右弼者,主有异母弟兄,同胞弟兄二至三人,有暗争倾挤或分离。与太阳同度,在卯、酉宫,主争夺家产或遗产,或互生误会妒忌。与天机同度或会照,主二人。与太阴、红鸾、天喜会照,多姊妹。与天同星同度者,同住者二人,分居者可三人。与擎羊、陀罗、火星、铃星、天刑、空劫等星会照,主不和,刑克分离纠纷。

(注) 天梁入庙,兄弟和好。若居巳亥落陷,则主分离,无助力,且易生纷争。见天刑会煞,主兄弟争讼。

天机天梁相对,见煞忌,兄弟各有机心。

唯“太阳天梁”同度而见刑煞,则又主各持己见,每多纷争。

由于天梁带有孤克的性质,所以纵兄弟和好亦主各自独立,无合作互助的可能。再见空劫刑煞,则反主不和或词讼之争矣。

(3) 妻宫(夫宫)

天梁星临妻宫宜长配,以年龄相差三岁以上者为宜(或小配而相差三岁以上者)。与太阴会照者,主容貌美丽,但以迟婚、再婚为宜,否则主软克(离异)。但虽分离,然每多藕断丝连,以结婚前曾与他人有解除婚约者为宜,或极迟结婚可免。

女命,夫宫有天梁星,以迟婚或继室偏房或结婚前曾与他人解除婚约者,或不以结婚礼式而同居,可免软克。与天同星会照,而化忌星者,主离后再克,或克后再离。但以会照擎羊、陀罗、天刑、火星、铃星者方是。

(注)男命天梁在妻宫,妻宜比自己年长二三岁,或比自己年少八岁以上。"讲义"的说法有误。

女命则夫宜长配,大自己八年以上,再见天寿同度,则甚至可以大自己十六年,否则便需大丈夫三年或以上——此为对"讲义"的补充。

凡天梁坐夫妻宫,如未经过灾难、挫折即成婚嫔者,婚后必主一段时期的生离。

天梁在巳亥落陷,多主再婚。女命或主为偏房继室。更见刑煞,则生离死别不一而足。

天梁入庙,会辅佐"单星"又见煞者,初恋易因事端而失败,但却未能忘情,以致成为终身痛苦。

(4) 子 女 宫

天梁星临子女宫入庙会照左辅、右弼、化禄、化科、化权、天巫、恩光、文昌、文曲、天魁、天钺等星者,主子女秀发,聪明多才,既富且贵,有五胎以上。天同星同度,以先花后果为佳,主三人。天机星同度,提防小产,主二人。化忌星会照者,子女多病灾。与擎羊、陀罗、火星、铃星会照,主刑克,宜祀继。与空劫、大耗、天刑再会照者,孤单。

(注) 天梁有孤克的性质,入子女宫,多主先得女。

"天机天梁"又为小产、流产的星系组合。以见煞始是。

会照辅弼昌曲天同,则主庶出一子(亦主有私生子)。

天梁在巳亥陷宫,见煞忌刑耗者,子息孤单,以祀继外子为宜。

天梁在入庙的宫度,见辅弼、化禄、化权、化科者,主手下人众多,且得力。唯辅佐诸曜及煞曜同见者,手下虽多谋略之士,但却亦可能对自己不利。

(5) 财 帛 宫

天梁星临财帛宫,入庙会照化禄、天巫、禄存、太阴者,主发主富,或承受遗产,或其他现成的财富。与太阳同度在卯宫,虽能富能发,但有因财产起争夺的意味。与天同星同度,则能创立家财,由小而发展,或则白手起家。与禄存或化禄、化权、化科会照者,乃茅屋公卿。天机星同度,财来财去,时发时破,或由辛勤劳力中得来,时有变化。临子宫,财有来源,但剥削极重。会化忌星,主因财多口舌、多纠纷、多是非,或因财而生精神上的痛苦。与擎羊、陀罗、火星、铃星、空劫、大耗、天刑会照,主有破产倾家,或因财而生灾祸,或因涉讼而破耗。如有吉星化解者,先苦后安。或寅吃卯粮,勉强度艰难生活。但天梁星坐财帛宫,虽遭遇困难,但终必能有财耳。

(注)天梁入财帛宫,在十二宫垣,皆有缺点。

当太阳同会于入庙宫度之时,见禄存可发富,但却易引起恶性竞争,并主在竞争中损失。

当天同与天梁组成星系之时,见吉曜及禄存主历尽艰辛,白手兴家,但祖业必有破败。

当天机与天梁组成星系之时,虽见吉曜,亦不易储积财帛。

当吉曜与凶曜齐集之时,便加强了上述特质中不良的一面。例如"天同天梁",其白手创业的过程会特别艰巨。而财富于晚年是否稳定,仍须详煞星凶曜的性质而定。如天姚、天虚、天空等曜会入,煞重吉少,则白手兴家之后仍有破败。

倘吉星祥曜少,而凶星煞曜重重,财帛宫的天梁便变成得财困难,而且每得必同时有失。

天梁并非财星,坐财帛宫与其说是发财,不如说是理财。所以逢此星盘,倒不如从事管核财政账目的职业反而安定。见科禄权吉化者,可在公共机构任财务计划,则入息稳定,反比自行经营为宜。或从事自由职业,亦比在商场打滚为合适。

（6）疾 病 宫

天梁星临疾病宫，虽有病灾，亦多转危而安。主肠胃不调、消化不良等症。与擎羊、陀罗、天刑会照，主外伤手脚，内则筋骨胸腰受伤，或盲肠开刀。与火星、铃星同度，则主乳癌、胃癌、疮瘤等症。与空劫、大耗会照、同度，亦主有风湿、麻痹、酸痛等病痛。天月、阴煞同度，主有时症感冒、伤风头眩等情。

（注）天梁属阳土，主脾胃及乳房。

天梁化禄或禄存同度在疾厄宫，易患消化不良及胃病。亦主其择食、偏食。

天梁与火铃会照或同度，男子主胃病，女子则为乳腺疾患。

天梁与羊陀会照或同度，无天刑，见空劫，主肠胃病或神经系统疾患；倘再见天刑，则转为伤痛之症。

天梁见煞，天月同度，为慢性病，如风湿麻痹之类。

(7) 迁 移 宫

天梁星临迁移宫，出外主得贵人扶助，为人畏重。在巳、亥、申三宫，则东奔西走，劳碌多忙。如会照化禄、化权、化科者，主远游他邦。午宫亦主远游他乡。与禄存同度，则主有小人倾挤。天机同度，出门多机遇，但多变化，不安定。太阳同度，出外成名。天同星同度，出门安定。化忌星则出外乡是非口舌。与擎羊、陀罗、火星、铃星会照，主出外有灾祸，或遭遇小人阴谋。

(注) 天梁坐迁移宫，入庙，又见吉化及辅佐诸曜(唯不宜见文昌、文曲)，主在外乡为富商。古人说："天梁加吉坐迁移，巨商高贾。"即是此论。唯不宜见羊陀，见则不过寻常商贾耳。

若落陷，虽会吉亦浮荡无根，在他乡难以发达。不过现代社会迁徙无定亦为常事，尤其是航空、航海事业发达，则仍能适应天梁这种性质。

天机同度或相对，见吉曜(尤其是左辅右弼)，始主出门多机遇而不安定，若见煞忌(尤其是羊陀同会)，则终难把握良机。天机化忌则在异乡更受到恶性竞争。

太阳同度或相对之时，若太阳化忌，则更主受人尤怨，替人受过。"太阳天梁天刑"见忌星煞曜，则为官非词讼。

(8) 交 友 宫

天梁星入庙会照左辅、右弼、天魁、天钺或化禄、化权、化科，主得正直之友，并主得朋友之助力，或手下人之拥护。天机同度，朋友虽多，但时时变换。天同星同度，主得益友，或得朋友之助力。太阳同度，主交贵友，多政军界人士或商界领袖、社会闻人。与擎羊、陀罗、火星、铃星同度、会照，因友受灾，多纠纷是非。空劫、大耗同度，因友破耗，或手下人之不慎而损失钱财。

(注) 天梁为孤克之星，必须见辅佐诸曜然后主下属众多。

但与人合作，则虽天梁入庙见辅佐，仍然有所不宜。仅与天同同度于寅宫时始可合作。若同时见煞，则始终分手。

太阳拱照，化禄，则多交贵友，或社会闻人，但如无辅弼同度，则仍无助力，不过社交热闹而已。

天机拱照，友人及下属多而时时变换，知交则易离散，且少合作的机遇。见煞忌，更主遭遇阴谋陷害或剥削侵吞。

(9) 事 业 宫

天梁星临事业宫,在午宫会照吉曜者,主为政界要员、商界领袖,名传异国,权重位高。太阳同度,或文或武,以才艺扬名。天同星同度,主是整理内务人才,如秘书参议,握内权,善策划。天机同度,身兼数职,但多变动。与擎羊、陀罗、火星、铃星、空劫、大耗、天刑会照者,主有特殊使命者,或因事业而生灾祸,涉讼破耗。

(注) 天梁入庙,见化禄、化权、化科及辅佐吉曜,亦不过为清要之官,所以虽位高权重,亦不主负责实际行政职务,仅能居监察、审核、司法等政职。

在商则为财务审核、人事管理等人才。

太阳拱照,可以从事传播、广告事业,亦为法律人才,否则可任社会工作。

天机对照,以服务于大企业、半官方或官方机构为宜。若从商,则多计划而少成就。亦可担任计划工作,不宜经营推销。

天同拱照,从政则为参赞、秘书等僚幕之职,从商则为行政管理内务人才。亦可从事自由职业,或兼顾问之类为宜。

凡天梁落陷者,从事自由职业虽有成就,不如任职,司计划管理,反可运势稳定。尤宜于大企业任职,积累年资。

(10) 田宅宫

天梁星为荫庇之星曜,临田宅宫,主得祖业遗产。天机同度,则须自置,多迁移变动,或房屋翻造等情。太阳同度,主因房产或公产起争斗。与擎羊、陀罗、火星、铃星同度、会照者,家宅不安,多是非、纠纷。会照化忌星,多口舌。空劫同度,在巳、亥、申宫者,漂荡。天梁星与天马同度,亦主漂荡。

(注)天梁临田宅宫,入庙,则必有祖荫。见天巫,则有遗产承继。

天同对照,天梁居巳亥,为落陷宫度,则不特无祖荫可言,若见煞,更主一生无恒产。由于田宅宫亦主服务机构,所以这个星系组合亦主服务于交通运输业。

天机对照,亦有服务于交通运输业的性质,或主职业时时变动。

太阳对照,见煞则主在服务机构内受人排挤。太阳化忌尤甚。天梁化禄亦主人缘不佳。

见辅佐诸曜同会,则自置产业丰盈。见煞则易因田宅而起争讼,或家中人口离散。

(11) 福 德 宫

天梁星临福德宫入庙，主安乐享受。与太阳星同度，有左辅、右弼、天魁、天钺、天贵、恩光、天巫等星曜会照者，主福厚禄重，能富能贵。天同星同度者，安定。天机星同度，劳心劳神。化忌星，无福多烦恼。陀罗同度，自寻忙碌。擎羊、火星、铃星会照，福薄多纠纷，多是非，不安定。天梁星临福德宫入庙者，主安暇，有名士风趣，随便不紧凑，乐天派，不喜动。落陷者，懒惰拖延，时或延误正事。天梁星在巳、亥、申三宫，会天马、空劫、大耗者，主浮动奔走不安。

(注) 天梁为清贵之星，守福德宫，主人重视精神生活。若有天巫同度，其人思想尤为超脱；华盖同度，则有宗教信仰，多哲思，更逢空曜，则其思想不易为一般人理解。

火星同度，则易烦躁不安；铃星同度，思想多阴暗面；陀罗同度，自寻烦恼；擎羊同度，有吉同会，则反为主其人好学慎思；无吉同会，始主易招是非口舌。

太阳拱照，其人好理闲事，以致自寻忙碌。若见吉曜，则多为社会福利事业，而乐在其中。唯吉凶交集者，尤其是铃星同度，却主伪善。

天同拱照，则天梁才能乐天知命。

在申巳亥三宫落陷，思想浮躁，或好哲思而仅属表面，或且好言词辩驳。

(12) 相貌(父母)宫

天梁星临相貌宫入庙,会照化禄、化权、化科者,主有荫庇之福或得遗产。落陷主刑克伤害,须祀出过继。与擎羊、天马会照,主离家,或再拜父母,或入赘。天同星同度,无刑克。若化忌或会照擎羊、陀罗、火星、铃星者,仍主刑伤,或父子间意见不合,以过继为宜。天机星同度,分离或分居。太阳同度,有吉星会照无煞曜者,无刑克。在卯宫,主得父母之荫庇。若与煞星会照者,主刑克分离,重拜父母。

(注) 天梁为寿荫之星,在父母官入庙,主父母双全,见吉化及吉曜,则必得父母福荫。

若落陷,则或早年远离父母,或父母任何一方于自己少年时离家外出。再见煞,则父母有离异等情,不主刑克。

必须落陷、见煞且有火星同度,又见忌星,然后可判为刑克死亡。

火铃二星,一居命官,一居父母官(必亥卯未年生人始有此种结构),则为重拜父母之兆,或入赘,或赡养岳家而不赡养父母。

太阳拱照,又有空劫、天刑,则与父母有极深之代沟。

十三、七杀星

七杀星在五行属阴金，在天属南斗星，化为权。是紫微斗数中的大将星曜。佐助紫微星与天府星，所以遇紫微、天府则为国家栋梁，出将入相，得遇贵人提携，平步青云，指调百万雄师。在商亦于实业工厂方面得发展。以其能掌握大众，如工人职员等。与廉贞星同度，在未宫或七杀星在午宫，称为“雄宿乾元格”，乃是上格，魄力雄厚。因为七杀的阴金被廉贞的文火所煅炼，相制为用。在子宫则次之，在丑宫者普通。如会照煞星，反主刑克、伤害、颠簸。七杀在命宫者，最恶落陷化忌、擎羊、陀罗、火星、铃星、空劫、天虚、阴煞等星曜，主孤独或福不全；每多解脱尘世为僧为道者。有幻想，时或感觉心灵上的空虚。迁移宫有天府星者，外刚强而内富情感，花前月下，每生飘飘然的出世想，妻子亦每多志高聪明，或性情外柔内刚、有丈夫气概之配偶，否则多刑克分离病灾；或虽有夫妻之名，而无夫妻之实者。

（注）本段“讲义”介绍了有关七杀的一些重要格局：

“七杀朝斗”或“七杀仰斗”，即七杀在寅宫或申宫独坐，对宫为“紫微天府”。此为正格。

古人说：“朝斗仰斗，爵禄荣昌。”然必须不见煞忌刑耗方始合格。

凡“朝斗仰斗”之格，主人管理力强，所以可以职掌“指调百万雄师”；若从事工厂企业管理，其实亦非常适宜。唯必须见左辅右弼，然后才有管理的权柄。

“雄宿乾元格”，此格前已介绍过，即七杀在午宫独坐，或在未宫与廉贞同度。在子、丑二宫则不入格。

所谓“廉贞七杀,反为积富之人”,即是“雄宿乾元格”。若不入格,无化禄、化权、化科,反见煞忌交集,则不利。古人说:“廉贞七杀同官,主残疾又主痨病。”即是此论。

“杀陷震兑”。此格乃属“中州学派”的传授。本节“讲义”有叙述,但未提到格局的名称。

按一般坊本,七杀无陷官,然而“中州学派”所传,则以卯酉二宫为落陷。卯为东方震官,酉为西方兑官,故称为“杀陷震兑”。

古人说:“七杀陷地,巧艺谋生。”

这是以落陷而不见煞忌而言。古人重科名而不重工艺,故有此论。

又说:“七杀破军宜外出。”此亦指七杀居陷官而言,宜离乡背井谋生。古人重乡土之情,以离乡为不吉,故有此论。

这两种情况,在现代社会并不太坏。

但是,当“杀陷震兑”而见煞忌之时,则人生多反复挫折,六亲离散,际遇坎坷。再见空曜,每多消极,在古代则每为僧道。故古人说:“主于数则宜为僧道,主于身必定历艰辛。”指的就是这种情况。

在现代社会,为僧道者少,读者只须留意到他的人生孤寂而陷于消极,便能体会到论述的精神了。

一般而言,七杀最畏擎羊、铃星。古人说:“七杀破军,专依羊铃之虐。”又不喜临“长生十二神”的“绝地”而见煞曜同会(必在寅申巳亥四位)。

古人说:“杀临绝地遇羊陀,天年夭似颜面。”

亦不喜见羊陀于“长生”之地(亦必在寅申巳亥四位),古人说:“七杀羊陀会生卿,屠宰之人。”

最喜见禄存或化禄,则可解七杀的凶险之气。王亭之所得的传授是:“杀居陷地宜见禄,再逢昌曲反流离。”即是说见禄为佳,但不宜见文昌、文曲,并见则主人一生流离失所。

<table>
<tr><td>紫微 七杀
巳</td><td>武曲 天府
午</td><td>天府
未</td><td>天府 紫微
申</td></tr>
<tr><td>七杀
辰</td><td rowspan="2" colspan="2">七杀星系
组合图</td><td>天府
酉</td></tr>
<tr><td>武曲 七杀
卯</td><td>天府 廉贞
戌</td></tr>
<tr><td>七杀
寅</td><td>廉贞 七杀
丑</td><td>七杀
子</td><td>天府
亥</td></tr>
</table>

（1）命　　宫

七杀星临命宫，主面色黄白或红黄色。面型长方者或瘦长者较多；方面较少。中等身材。不怒而有威，为众人所敬服。一生事业性重。处事外表果决，内实进退考虑。富计谋，善策划。与紫微、天府、禄存、化禄、化权、化科、左辅、右弼、天魁、天钺、文昌、文曲会照者，得群众拥护。在国家为大将之才，极品之贵，在商为工业界之领袖，左右经济（七杀最喜会照或同度禄存、化禄，以其能柔化七杀之刚暴），名震他邦。若与擎羊、陀罗、火星、铃星、天刑、空劫、大耗会照者，主刑克伤害。落陷者，或死于兵荒马乱，或阵亡灾死，或则疾病开刀。性情倔强，刚愎自用，处事霸道，行为凶横而寿夭。故七杀最忌落陷会煞星。在庙旺之地，遇煞星，虽有破败灾祸病灾，但仍许富贵。唯七杀命宫者，必须脚踏实地，如实业工厂等方面发展，投机不宜。如会照空劫、大耗，投机有倾家之忧，且少有恢复的机会。七杀在命宫者，在政界或军界、警界必经过一次风浪波折转变。在实业、在工厂亦必遭有颠覆停顿或致于破产之难关发生，但不像投机的一蹶不振。在短时期内，便能东山再起，重振旗鼓。如有禄存、化禄或左辅、右弼、天魁、天钺会照者，虽亦有困难遭遇，但能得众人之助力原谅，逢凶化吉，迅速转机。七杀星临命宫会煞曜者，福不全。能富贵者，则妻子有刑克分离者，或子女无出者，或多女少男者，或疾病缠身者；如骨肉无缺，身体健康者，则又不能富不能贵矣。七杀命宫，在巳、亥宫者，多得贵人提携，青云直上，而能富能贵。七杀命宫在寅、申宫者，多清高，如为众人师表、帮会领袖，独负其责、独当一面者。辰戌二宫，七杀星坐命宫，与天府、廉贞对冲，多于艰苦中建立事业，魄力极大，调度经济，有韩信点兵多多益善的作风。富幻想，以事业追随其幻想，故始终不足以满其事业上的欲望，多新企图。七杀在未丑二宫立命者，多志高好胜，名高于利，事业多由海阔天空中建立耳。

七杀临子午命宫者，得荫庇之余气，有贵人之提携、朋友的协助，是为美格（七杀在巳申较佳，寅亥较次）。

女命七杀星躔度，入庙会照化禄、化权、化科者，或与左辅、右弼、天魁、天钺、恩光、天巫会照者，则必聪明多才，权威压众，为女中豪杰，旺夫益子，富贵双全，志气如丈夫的上格。与化忌星会照，则灾病缠身。会照擎羊、陀罗、火星、铃星、空劫者，孤独。以继室、偏房为宜，否则刑克无子女。

大限流年，七杀星躔度，入庙会吉星，主去旧换新，创立基业，名声远震，加官进爵，会照忌星、陀罗，则主烦恼，尾大不掉，再会擎羊、空劫、大耗者，则主刑克家破，妻儿病灾等情，如有化禄、化权、化科者，先艰苦后平宁，如陷地而四煞空劫，天刑会照者，主死亡。

（注）七杀在十二宫分布，与廉贞、武曲、紫微三曜最有关系，对宫必为天府。

在子午二宫，七杀独坐，与“武曲天府”相对。在卯酉二宫，则为“武曲七杀”同度，对宫天府。

“武曲天府”为财星，同度则同气，最宜见禄。即不见禄，亦可借二星同度之力，化解七杀的孤嚣。所以子午二宫较卯酉二宫为佳，不仅旺陷的分别。“讲义”谓“七杀临子午者，得荫庇之余气”，即为此谓。

七杀居寅申二宫独坐，为“朝斗”、“仰斗”。居巳亥二宫，则为“紫微七杀”同度，对宫天府。两种星系组合，各有优缺点。“朝斗”、“仰斗”之时，七杀受紫微制化之力不大，因此仍表现出他的特性，所谓“在斗司斗柄，主于风宪，其威作金之灵”，所谓“风宪”，即监察管理，但与天梁之监察管理不同，天梁尚有计划的意味，可以退居幕后，而七杀则非出前台，亲自执行不可，而且独当一面。

当“紫杀”同宫之时，紫微制杀为权，七杀的本质便亦改变，较独坐时少了果决，只不过完全是“威权”的表现。

七杀在辰戌两宫独坐，对宫为“廉贞天府”；在丑未二宫，则为“廉贞七杀”对天府。二者比较，丑未二宫的七杀没有廉贞的羁绊，因而便较偏向于理智。古人说：“七杀守命庙旺，有谋略。”又说：“七杀守命，庙旺，得左右昌曲拱照，掌生杀之权，富贵出众。”即是此论。

“廉贞七杀”同度者，则因廉贞同度的影响，理想多于理智。由于理想高，追求人生目的便较为艰苦。

七杀守命的宜忌，在本节“讲义”中论断得详尽。大致而言，七杀喜见禄而畏见煞，入庙见煞不过六亲孤克，或一时灾难，落陷见煞刑空劫而无禄化解，则主重大灾病，甚至招惹横死之灾（见禄则大倾败破财）。

古人说：“七杀入命身官，见吉亦必历尽艰辛，不见吉化必夭折。”

又说：“七杀重逢四杀，腰驼背曲，阵中亡。”

即均指落陷的七杀而言。

女命七杀，古人甚不以为宜。既曰：“七杀沉吟福不荣。”又云：“七杀寅申女命逢，恶煞加之淫巧容，便逢吉化终不美，婢妾侍奉主人翁。”这种论断，不论今日的社会，即在古代，“中州学派”亦不以为然。

今日女命，可与男命同断，唯见煞曜，则婚姻终不美，人生每多孤寂耳。

大限流年命官最忌“七杀重逢”，即命官七杀，原局羊陀照命，而流羊流陀又再冲合，主凶死。见化禄会照者则可化解，变为破财。

古人说：“七杀羊铃，流年白虎，刑戮灾迍。”此乃流年命宫七杀，会羊铃，流年白虎同度。

又说：“七杀流羊遇官符，离乡遭配。”即流年命宫七杀，流羊同度，流年官符又飞入宫度。

以上资料，可对“讲义”作补充。

(2) 兄弟(姊妹)宫

七杀星临兄弟宫,入庙会照化禄、化权、化科、左辅、右弼者,弟兄众多,但有刑克,与廉贞星同度,在未丑二宫,主弟兄和美,有助力。会照煞星、天刑者,仍主刑克、孤单或分离。七杀临兄弟宫,而命宫会照左辅、右弼者,亦主弟兄多,而有刑克分居;情感方面较为和洽,但少实在助力耳。寅、申二宫弟兄多才清高。巳、亥二宫,主弟兄能贵。辰、戌二宫,弟兄能富。若会照煞星、化忌,仍主有灾病刑克分离等情。

(注)七杀临兄弟宫,一般坊本皆以为主兄弟少,甚至有认为主无兄弟,但有姊妹。此种推断相当错误。不知凡七杀坐兄弟者,须兼视命宫而定兄弟姊妹之数。

照王亭之的征验,尝有人命宫居丑,无正曜,对宫为"太阳太阴",会辅弼、魁钺;兄弟七杀坐子,兄弟姊妹竟达十一人之多。

本节"讲义"不列七杀独坐时兄弟姊妹之数,应即是这种缘故。盖命宫与兄弟宫同参,情况较其他星曜为复杂。

以视下属,则以"廉贞七杀"在丑未二宫会吉时为最佳。主和谐且有助力。其余宫度,亦应兼视命宫,有辅弼、魁钺会照时,亦主下属有助力。

各宫其余性质,可详本节"讲义"所述参定。

(3) 妻宫(夫宫)

七杀星临妻宫,入庙会照禄存、化禄、化权、化科者,主得精明有为之妻室,但在结婚前,多阻碍波折,破坏延期者方合。与左辅、右弼、天府、天魁、天钺、解神、天德等星曜会照者,主妻子庄重有威,为众人所敬服,帮夫益子之上格,但必须迟娶,否则妇夺夫权或则生离分居。廉贞同度有煞星,亦主生离分居,或为病灾所缠,妻子如有实无。七杀在酉宫临妻宫,主刑克,或会照煞星,则妻宫主遭遇意外灾祸。如再会空劫、大耗,则有因妻破产、倾家等情发生。卯宫祸轻。与擎羊、陀罗、火星、铃星、天刑、空劫会照者,主三妻之命。

女命七杀星临夫宫,在庙旺之地,会吉星,主得地位崇高之丈夫。会煞曜则主刑克分离,以迟婚继室为宜,或婚前叠遭周折,破坏延迟。会照化忌,有丈夫转移情爱之虑,或婚前有被夺爱的刺激。如夫宫七杀星临卯酉二宫,则主灾祸,刑克分离或有痨病、心脏病、脑神经病。如再会照擎羊、陀罗、火星、铃星、天刑、空劫、大耗,主有意外灾祸刑伤,或牢狱之灾等情发生。

(注) 七杀坐夫妻宫,一般情形下不吉。即使会禄及吉化,亦不过主得有助力之妻而已,而且必须迟婚方可偕老,否则感情终有隔膜。

七杀在卯酉二宫落陷,酉宫尤劣。此已详于“武曲七杀”一节论述。

在子午两宫虽为旺地,但对“武曲天府”,受武曲一星“寡宿”性质的影响,如无禄会入,发挥天府之力,则仍主婚前波折;见煞,夫妻仍主志趣不投。

在寅申两宫入庙,七杀之对宫为“紫微天府”,受两颗主星影响，婚前必经多次恋爱，初恋定不能结合。且夫妻年龄必有一段差距。女命见煞以偏房、继室为宜，否则防夫婿移情别恋，而且所恋者又不如己。

在辰戌二宫，七杀所对者为“廉贞天府”，所居的宫位又庙旺，但见煞即主夫妻不和，有情者无缘，有缘者无情。男命多主二娶，否则刑克妻子；女命以偏房、继室为宜。

七杀入庙，又见吉，男女皆主配偶有才能，但男命则嫌妇夺夫权。

七杀落陷，又见煞忌刑耗，主夫妻生离死别，或遭逢意外，或有危症，或配偶拖累以致倾家。

(4) 子 女 宫

七杀星临子女宫,入庙旺之乡,会左辅、右弼、天魁、天钺、文昌、文曲者,主子女富贵。但以先花后果为佳,或极迟得子为宜。在卯、酉二宫,是继室、偏房生子,或极迟得子。与擎羊、陀罗、火星、铃星会照,主刑克或不得子力。化忌会照,子女多病灾。空劫会照,因子女破耗。

(注) 七杀临子女宫,主子女少。入庙旺宫度,又见辅佐吉曜,亦不增加子女数目,主仅得一子,但有女,以先女后子为佳。唯子女可以发家富贵。

在卯酉陷宫,无煞,偏房生一子,或私生子一人。有煞则有绝嗣之虞。

见煞忌刑耗会子女宫,子女多灾病,或且刑克。

唯"紫微七杀"同度,主有子女三人。

凡七杀独坐,子女皆少,亦不宜招祀外子,恐反招叛逆。

(5) 财 帛 宫

七杀星临财帛宫，入庙会照化禄、化权、化科、禄存者，主财禄丰足，财源极厚，能得意外财富。与廉贞同度，主发能富。丑宫较次。辰戌二宫，富格。卯酉二宫，横得横失。与擎羊、陀罗、火星、铃星、天刑会照，因财生灾，或遭遇抢劫盗偷。与空劫、大耗会照，财不足劳力求谋，多感困难，破耗多，剥削重。凡七杀星临财帛宫，虽入庙会化禄或禄存等吉曜，但一生必遇一二次经济困难，周转无方或至倾家破产者，但有化禄或化权等吉曜者，即在短期内有转机耳；若落陷或空劫、大耗等及煞星会照无化解者，则时时感到困难耳。

（注）七杀临财帛宫，入庙旺之地，见禄存、化禄、化权、化科者，富格，且能得意外财。古人说："寅申子午能横发。"即指此而言。

若落陷于卯酉二宫，不见煞，更会吉，亦能横发，但慢慢消磨，终归白手。古人说："卯酉得财亦耗磨。"即为此论。

古人说："辰戌二宫为富局。"但见煞仍有破耗。

丑未二宫，无煞见吉可渐积成富；巳亥二宫亦然，且较丑未为多，所以古人说："丑未积财巳亥多。"

以上口诀，为王亭之师传，未见有相同之论，读者可以征验。

若见煞忌刑耗，则或劳力求财，勉强丰足，而破耗随生，或因疾病，或遭灾盗，或人口不安，须详命盘十二宫而定。

七杀守财帛宫，即使是"富局"，一生亦必一次周转困难。"讲义"对此论述甚详，故必须于运限不佳时稳守，且不宜从事投机，以图尽量保存元气。

(6) 疾 病 宫

七杀星临疾病宫，主幼年多灾病，或性情躁急，易怒。与廉贞同度，主痨伤、肺病、咳血等症。紫、府拱照，主内伤、肠胃不和。会擎羊，主盲阳、瘤症、便血。武曲同度，主刑伤。会陀罗，手足残伤。火星同度，目疾。龙池同度，耳聋。多阴虚、内伤之症。

（注）七杀属阴金，故主呼吸系统疾患。以其又为带威杀之星，所以亦主伤痛之厄。

陷宫见煞，则主残疾终身。

古人云："七杀逢羊陀于疾厄，终身残疾。"又云："囚同身命（王亭之按：囚指廉贞），折股伤肱，又主痨病。"又云："七杀临身命，流年羊陀主灾伤。"又云："七杀重逢四煞，驼腰曲背。"凡此皆指陷宫见煞而言，即流年疾厄宫或命宫见此，亦主克应。

七杀火星同度为目疾，七杀龙池同度主耳聋，此乃有征验的克应。

又主哮喘、咯血或便血，轻者为鼻窦炎。

(7) 迁 移 宫

七杀星临迁移宫,主在外有地位,在外有威力,使人敬畏。与武曲同度,主在外能活动,有利可图。如武曲化忌,则主出门有病灾,或在外事业遭遇失败,并主一生中有涉讼或牢狱之灾。与廉贞同度,出外有声名,主出外能发,唯在丑宫,则多是非。紫微星同躔,主在外为人所敬重,并主得贵人提携,或主出门遇贵。与天刑同度,主一生多刑克,出外有灾。落陷被人连累、陷害,或主在外受压力。擎羊、陀罗同度,最宜武职,否则少人缘。火星同度,有意外财。铃星主峥嵘。空劫同度,以企业、实业工厂为宜,否则主飘荡。

(注)七杀在迁移宫,一般性质,可依命宫所论为根据。

所应着意的分别是:

命宫七杀与火星、铃星同度,为孤克之征,不利父母;迁移宫七杀与火星同度,反主突发。铃星同度,武职峥嵘。

命宫七杀见空劫,常感财禄不足;迁移宫则可从事工业兴家。

命宫七杀在寅申独坐,不宜背井离乡。迁移宫七杀寅申独坐,见禄马,出外反可遇贵。

流年大限之迁移宫见七杀,一般主事业有改动更张,其性质详见吉见煞而定。

(8) 交 友 宫

七杀星临交友宫，主被朋友所拖累、陷害，或遭遇小人妒忌。或主被手下人所偷盗。与禄存同度，更主受小人倾挤。武曲同度，化忌星因友破产，或因朋友或职员而事业失败。并主奴压主。

(注) 七杀临交友宫，一般性质不吉。

当入庙之地，见吉会之时，不过主手下人众多而已，不主手下人有助力。必须见化禄然后可以调和。

入陷地，不见煞亦主手下人生变，且主时时更换下属，或生平落落寡合，无一知交。

故七杀居交友宫，最宜戒听谗言，亦不宜与人合作事业。见忌星煞曜，无须重视管理制度及行政制度，以免下属有机可乘。

(9) 事 业 宫

七杀临事业宫,以军警两界能显发,或办工厂实业,而主掌握多数职工者为宜。武曲同度,会左辅、右弼、天魁、天钺、天巫、三台、八座者,主威震他乡,握生杀大权或主权贵。廉贞同度,亦主峥嵘同侪,出人头地。与擎羊、陀罗、铃星、火星同度,亦主武职威风,唯一生多风波是非。会忌星,事多周折。空劫同度,以工厂实业为宜,否则一生多破败。

(注)七杀守事业宫的人,每喜投机,唯绝对不宜投机,必生破败。

七杀为"威权"之曜,独坐庙旺之乡,可以武职荣身,但见煞曜则主有意外,或多风波。

七杀不宜文职,落陷见煞者,唯投身工艺,以一技傍身为宜,此即为趋避之方。

因为宜武不宜文,所以从商不如从工。见吉固然可以发越,即见煞曜,有波折亦可安然度过。

见空劫者,宜重视本身的观念,虽空中楼阁,一旦成为事业即可发富。

见羊陀照会事业官者,不宜从事军警,可从事外科手术、妇产科、牙科或需用利器的行业(王亭之见过一个命例,七杀在辰宫独坐,为事业宫,会羊陀,见昌曲,其人以雕刻竹木器成名)。

(10) 田宅宫

七杀临田宅宫,与紫微拱照,主得贵人之荫庇。与廉贞同度,能增置产业。落陷主产业破败。与忌星同度,主家宅不安、病灾、口舌、是非。与陀罗、火星同度,主有虚惊。擎羊、铃星同度,多争闹不安。空劫同度,主破荡。

(注) 七杀守田宅宫,不宜独坐。虽入庙见吉,亦不能享受祖业。独坐见煞,产业倾败,至大限好然后恢复旧观。

以田宅宫推断主管机构,落陷见煞则主受掣肘。更见忌星,必受主管机构处分。若武曲化忌更见煞曜,有停职降黜之忧。

(11) 福 德 宫

七杀星临福德宫，入庙会吉曜，主福厚志高。但主不利妻子，有刑克、迟娶等情。武曲同度，主心烦不安。化忌星，则多忧多虑，多是非。廉贞星同度，主忙碌。紫微星同度，志太高，常因事实不能符合理想而烦恼。与擎羊、陀罗、火星、铃星、空劫、大耗、天刑会照，主费心费神，劳心劳力。

女命七杀星临福德宫，主克夫刑伤，以迟婚、继室、偏房为宜。

（注）七杀入福德宫，主忙碌。即使入庙，见吉星会照，亦主劳心。

七杀的理想，多偏重个人利益，因此每逢挫折，即感到命不如人，或有怀才不遇的感觉，满腹牢骚。

所以七杀守福德宫而落陷见煞，其思想必倾向于消极。

至于由福德宫来推断婚姻的征验，则甚值得读者注意，为坊本所无。

(12) 相貌(父母)宫

七杀星临相貌宫,主刑克,或早年弃祖离家。与武曲或廉贞同度,均主有刑伤。紫微星同度,会吉曜,无刑克。与擎羊、陀罗、火星、铃星、天刑、劫煞、孤辰等煞星会照,主刑克。

(注)七杀不宜独坐父母宫,即使入庙,亦必少年即离父母。这是由于七杀具独立性的缘故。

所以七杀临父母宫见煞,主代沟极深。

“紫微七杀”同度为最佳的结构;若七杀独坐,对拱“紫微天府”,见煞,及见辅佐诸曜的“单星”,即主有两重父母。

见对宫武曲化忌,或廉贞化忌,再见凶曜,父母于自身早岁刑伤,或有重大倾败,或主恶疾缠身。

十四、破军星

破军星在五行属阳水，在天属北斗星群，化作耗星。是军队中的敢死队、先锋队，冲锋陷阵，以争夺破坏为目的，但自身之危险性亦大，损兵折将，在所不免。且孤军深入，有接济不及之虑。破军化禄，则是后队补充接济，源源不绝，名之为“有根”。故破军有破坏而后建设的意思，并有去旧换新的意思。

武曲 破军 巳	天相 廉贞 午	天相 未	天相 武曲 申
破军 辰	破军星系	组合图	天相 酉
廉贞 破军 卯			天相 紫微 戌
破军 寅	紫微 破军 丑	破军 子	天相 亥

(1) 命　　宫

破军星临命宫，主人面色青黄。圆长面型，胖瘦不一。背重眉宽，或破相，或近视，或口齿不清，或产时不足月，或难产。入庙忠厚善良，旺地性耿直，处事有恒、有毅力。落陷性刚寡合，好强好争。立命子午宫，无煞星，而破军化禄，或化权，或禄存临福德宫或命宫者，主为国家栋梁，军旅之儒将。并主量宽福厚。与紫微同度，在未宫，主得意外之财，或突遇贵人，平升三级。丑宫次之。辰戌宫，紫微破军拱冲，主人一生中必有非常之灾遇，或特殊之疾病，拖延颇久，属脑神经、心脏、肾脏或肠胃病等。为人有毅力，有专长，爱艺术。但一生风波颇多，不守祖业。并主刑克妻子。富而不贵，有虚名。与武曲同度在巳，破军化禄，亦主群雄敬服，立威边夷。亥宫次之。寅申宫立命，主幼年去祖离家，重拜父母，刑克颇重。性情倔强，好勇斗，横发横破，但亦主有一技之长。与空劫同度，破荡无依。昌曲同度，落拓书生。擎羊、陀罗、火星、铃星同度，孤独浮荡。

女命破军星临命宫、子午二宫，主福厚禄重，旺夫益子，唯以迟婚为宜。巳亥二宫，性情刚强，有丈夫志。寅申二宫，刑夫克子，早离父母，重继他姓，自食其力，以偏室较宜，否则离克多次，又多终身不嫁者。遇擎羊、陀罗，刑克更重。

大限流年，破军星躔度，主去旧换新，另谋新机；出门旅行。破军化禄，主由旧事业中另生新机会，如逢煞星或武曲化忌星相会，则主多破败，倾家，事业停顿，无法推动，有舟搁浅滩，推动不得之感。唯破军紫微辰戌宫，有擎羊，主生产添子，或血光孝服等情。

（注）破军化气曰耗，所以最喜见禄。禄存化禄均可。遇紫微则有节制，此为制化之方。最不喜文昌、文曲。与昌曲同会，主一

生贫士。这是因为彼此的气质不相投契之故。

古人说:“与文曲入于水域,残疾离乡。”(《太微赋》说:“破军暗曜共乡,水中作冢。”即与此同义)所谓“水域”,指亥子丑三个宫垣,破军文曲化忌同躔,见有煞并,生带残疾,或早岁离乡背井。

破军的开创力,主要为继旧换新,而且新的事业必因旧业而来,与七杀之突然发生改变不同;亦与贪狼之改变于无形,有类移形换步不同。

所以凡破军得禄,必兼行兼业或兼职兼差,此为“继旧换新”之必然现象。古人不喜女命破军,亦由于这种特性。盖女人无事业,以家庭为事业,“继旧换新”便多事端矣。故古人说:“若女命逢之,无媒自嫁。”又说:“女人冲破(王亭之按:此指有煞曜冲会命宫的破军),淫荡无耻。”又说:“紫微愧遇破军,淫奔大行。”此均由破军的特性,结合当时社会背景引申。

破军在十二宫中,跟三颗星曜有密切关系,即紫微、廉贞、武曲,与七杀同。唯七杀必与天府相对,破军则永与天相相对。

在子午宫,破军独坐,与“廉贞天相”相对,这组星曜带感情色彩,可以调和破军的躁决,因此属于良好的结构,只要无煞同度,破军化禄或化权,称为“英星入庙”。古人认为:“破军子午宫,无煞,甲癸人官质清显,位至三公。”在现代亦可从商,则为大企业的开创人才。

在卯酉二宫,“廉贞破军”同度。凡主调和之星,宜相对不宜同躔,兼且卯酉又为破军陷地,所以称为“囚耗交侵”。古人说:“破军廉贞于卯酉陷地,遇火铃羊陀,主官非疾病。”唯廉贞化忌,却成“反格”,主人横发之后横破。卯宫见昌曲,亦为“反格”。所谓“与文昌入于震宫,遇吉可贵”。

在辰戌二宫,为破军旺地。破军独坐,对宫为“紫微天相”。破军与紫微同度则受制,对冲即为“将在外,君命有所不受”,所以便充分发挥破军的特性,六亲缘薄,人生亦多挫折,且主终身带疾。

仅生命力强，有艺术气质，且学有专长耳。唯见化禄始可调和，见贪狼化禄来会更为适宜。

但却不喜见禄存天马同来会照，禄马与贪狼同度更成败局。古人说："破军贪狼逢禄马，男浪荡，女多淫。"即为此论。

在丑未宫，"紫微破军"同度，对宫天相。破军受制于紫微，见吉曜及吉化者吉，尤其是在未宫，得化禄者贵，机遇出于偶然。古人说："紫破丑未宫，权禄位三公。"即此之论，亦不宜贪狼与禄马同度。

在寅申宫破军独坐，对宫为"武曲天相"，于寅申为陷地（坊本多误作"平宫"），故主不守祖业，横发横破。此古人所论："在身命陷地，弃祖离宗。"

反而在巳亥二宫，"武曲破军"同度，但得破军化禄，偏宜武职荣身，不见化禄则难贵显，可作经商。

女命破军，唯子午二宫吉利，其余宫垣皆有缺点。所谓"破军一曜性难明"，即指女命，所谓"性难明"，不是说难明破军守命的性质，而是说女命逢此，其性难明。再说得清楚一点，此即广府人所谓"女人心，海底针"之意。

大限流年命官见破军，若化禄，必有新机遇，但若逢武曲化忌，则主倾败；见贪狼化忌，则虽有机遇却不感满足，见煞且易失机。

(2) 兄弟(姊妹)宫

破军星临兄弟宫,主弟兄分居或刑克。自身常居长位,或虽排行二三,但在各种情形下,虽非长兄而形如长兄。如长兄过世,或继出,或长姊出嫁,或自身继出等情。与左辅、右弼、文昌、文曲、天魁、天钺同度会照,主弟兄有依靠。紫微同度,二人。武曲同度,亦主二人。廉贞星,主一人。与煞星会照者,主刑克孤独。

(注) 破军守兄弟宫,一般情形下主骨肉参商,或离散,或不和,煞重且可致刑克。

凡破军守兄弟宫,有两个特别的现象:

一为长兄或长姊必有事端。已详"讲义"所述。除非自身即居长。

一为兄弟姊妹之中,最长与最幼之年龄相差甚远,可至十二年以上。

在各种星系组合中,以与紫微同度时手下最多,但易反叛。以与廉贞同度时手下最少,但反而可靠。

喜见魁钺、辅弼、昌曲于交友宫,则主有助力。见羊陀火铃则主难靠,且易与知交分离。

(3) 妻宫(夫宫)

破军临妻宫，主刑克分离或徒有夫妻之名而无夫妻之实。早婚主克，三妻以上。以迟婚而在结婚前遭遇他人破坏中伤，而至风波周折，反主能偕老。但主在结婚后再有出门、分居、远离等情发生者方合。或则以继室、偏房或不举行结婚仪式之同居反宜。子午命宫破军星，妻夺夫权。武曲同度，主刑克。化忌星，主遭遇灾祸。廉贞星同度，不和或另有外遇。紫微同度，以长配为美。禄存同度，主与家庭不和，或不为家庭亲友所同意，或遭受他人倾挤陷害，或搬弄是非，而分离不和。与四煞、天刑、空劫会照，主刑克不和，或灾病，口舌连连。

(注)破军临夫妻宫，一般情形下主不利。男命，以妻年长于夫官者为佳；女命，须丈夫较自己年长甚多为合。且多于婚前同居。

无论男女，见破军在夫妻宫，主夫妻二人皆有驾驭配偶的倾向，所以见煞便易离居。

武曲化忌会入，见羊陀，主无闺房乐趣。在现代亦每因此造成婚变。

破军与禄存同度，主配偶自私。见煞，主配偶与自身家庭不和。

破军廉贞天相的组合，若廉贞化忌，主自身易跟配偶的兄弟姊妹不和；若破军化禄，男命主妻夺夫权，女命反主丈夫能发越。

凡破军在夫妻宫，见昌曲始主配偶有情趣；见火铃，则无乐趣可言。

(4) 子 女 宫

破军星临子女宫，主刑伤，长子主有流产、小产或不足月，或破相刑伤等情。或先花后果，并主迟得。或继室、偏室生子，或先招祀子。入庙或与紫微星同度者，主三人。武曲同度会吉曜，亦主三人。与擎羊、陀罗、火星、铃星、空劫、天刑会照，主克刑，或有子而无靠。

（注）破军在子女宫，不利长子，故以先得女为宜。

所以亦主得力的助手难求。主迟得。

破军坐子午宫者，见辅弼、昌曲、魁钺，子女三人，唯必个性刚强，但能创业发家。用来观察亲近的下属，则宜注意跟下属的人际关系。

破军坐寅申宫为陷地，子女及亲近的下属，皆主不得力，而且稀少，见化忌及煞曜则主反叛。

破军坐辰戌二宫，见煞亦稀少，必须会诸吉然后得力。

凡破军坐子女宫，最嫌武曲化忌，火铃会照，则可能得子有残疾。

(5) 财 帛 宫

子午二宫会吉曜化禄,或禄存、化权者,主富贵能发。天罗地网辰戌二宫,亦主富有或主得祖产。与武曲同度,在巳宫,财来财去。紫微同度在未宫,主得意想不到之财或特殊之财。丑宫次之。唯再行丑未宫,将虑破财。廉贞同度,一生破败多端。寅、申二宫,祖业倾败。空劫同度,寅吃卯粮。擎羊、火星同度,横得横失。陀罗、大耗同度,纠纷烦恼,剥削极重。

(注)古人不喜破军入财帛宫,其言曰:"在财帛,如汤浇雪。"此言未免形容太甚。在古代,转业转行甚为艰难,更少兼行兼业的可能,而破军在财帛宫,却偏偏又有要不断更新然后始可获财的性质,所以除个别情形外,可谓跟古代社会不合,难怪古人评价如此之低。

其实对财帛最不利的宫度,为破军独坐寅申二宫落陷,虽加吉曜,亦主有往坏方向改变的趋势,所以不但祖业难守,生平事业亦往往一起即蹶,以致得财之后又复消耗。

在巳亥两宫,"武曲破军"同度,财亦难聚。见禄存同度,虽吝啬亦无积蓄。

古人说:"破军武曲入财乡,东倾西败。"即指此四个宫度而言(王亭之按:坊本改为"破军武曲同宫,入财乡,东倾西败。"误,此由于不知寅申两宫较巳亥两宫更差,所以擅添"同宫"二字)。又说:"武曲破军,破家破祖劳碌。"即是说易发生不良的改变。

能成富格者,仅子午、辰戌四个宫度,唯必须有化禄、化权、禄存同会,不见四煞,或见煞曜少者,然后始能富裕。

破军化禄于财帛宫，主其人最少向两个行业发展。

破军与禄存同度，局面不大，虽常改变，但每存利己之心。

至于见煞之凶，则已详本段“讲义”。

(6) 疾 病 宫

破军星临疾病宫,幼年多脓血之灾。武曲同度,主牙痛拔牙,并主目疾、阴亏、遗精、阳痿、泻肚。女子又主经痛或赤白带下。擎羊同度,主有开刀动手术等情。

(注) 破军守疾厄宫,童年体弱。多跌扑之伤,或主破相。

破军与擎羊同度,主因病动手术;与陀罗同度,多牙疾;与火星、铃星同度,多突如其来之病患,如天花、麻痘等。

"武曲破军",主牙周病,又主肾亏。

四煞并照,且武曲化忌,又见杂曜凶者,有癌症之可能。

(7) 迁 移 宫

破军星临迁移宫，主出外以技巧艺术或专门特长为人敬服。紫微同度，主得贵人提携。武曲同度，主为能文能武之技术或艺术之专门人才。子午两宫，出外能富贵。擎羊、陀罗、火星、铃星同度，出外主破败，遇灾祸，少人缘，奔驰劳碌，以巧艺谋生。

(注) 古人不喜破军坐迁移宫，曰："在迁移，奔走无力。"其实若不落陷，且不见羊陀齐会，则情形并没有古人说得那么严重。

丑未两宫天相坐命的人，迁移宫见"紫微破军"，尤宜出外发展。

唯破军出外，则必须凭专业或技艺起家。除子午二宫入庙且见吉曜之外，经商有所不宜。

最忌见空劫同会，则在外每功败垂成。

(8) 交友宫

破军星临交友宫,主因友破财,或因手下人之不忠而致事业钱财遭遇破败。会煞星,施恩遭怨。武曲同度,所交之友,口是心非。紫微同度,主得畏友。与擎羊、陀罗、火星、铃星、天刑、阴煞、劫煞、大耗等星会照,主因友遭官灾横祸,或遭手下之偷盗。

(注)破军独坐交友宫,多不吉利,古人说:"在奴仆,怨谤逃亡。"

只有在子午二宫入庙,左辅右弼同会,不见煞忌诸曜的情形下,始主手下人得力,且无是非口舌之心。

武曲在对宫拱照,有羊陀与破军同会,结交损友,且受拖累。

破军独坐交友宫,不宜与友人合作经营事业,除非入庙,且破军化禄,又见辅弼、魁钺,然后始主得友人带挈。

破军独坐主孤立,不如有其他正曜同度者之良。唯无论何种情形,破军均不宜见煞。煞忌刑耗齐集,必为手下人生灾。

(9) 事 业 宫

破军星入庙,临事业宫,主武职显发,威震华夷。禄、权、科会照,国家重臣。紫微同度,亦主显贵。武曲同度,亦主武职。廉贞星同度,主为机关科员。破军星,又主创办工厂实业,掌握大量职工。但破军临事业宫,无论入庙与否,都主一波三折,风浪迭起。化禄、化权,能败能兴,有毅力,以事业为前提。无吉化吉曜者,则困难来时压力极重,无法推动。会忌星、空劫,主一生中有倒闭破产等情发生。

(注)破军在事业宫,有两种极端的格局,一为以武职荣身,一为靠技艺兴家。

大致上的分别是,破军入庙,事业宫内无羊陀火铃空劫同度(三方会多者亦不吉,一二点无妨),且见禄、权、科同会,又有辅佐吉曜(文昌文曲最少效力),则宜武职荣身。

若落陷,又见煞,则非藉一技之长以谋生不可。倘不甘心以技艺谋生,从商从政,则必潦倒无成,反主困苦。古人说:"破军羊陀官禄位,到处乞求。"即指此而言。

在庙旺宫度,吉星及煞曜齐集,即为平常经商的命,处于两个极端之间。是则成败无常,且一生必有一段艰苦时期。必须凭大限流年运程推断,以谋趋避。

唯经商者事业宫破军化禄,则主以兼行兼业为宜,性质彼此有关。

(10) 田 宅 宫

子午二宫，产业丰厚。辰戌二宫，并主有祖产。紫微同度，有意外资产可得。落陷主房产破旧。与擎羊、陀罗、火星、铃星、空劫会照，主破败祖产基业。

（注）破军独坐在田宅宫，入庙则主旧业翻新，落陷则主祖业破败。

若破军与羊陀同会，见大耗，主田宅有水灾。文曲化忌会照或同度，则因受拖累或欺骗而变卖家产。

流年田宅宫见破军，入庙见吉，主迁新宅，落陷、见煞，则家宅有破败。

(11) 福 德 宫

子午宫主安乐少思虑。武曲同度,劳心劳力。廉贞同度,辛苦忙碌。化忌星,多忧多虑,举棋不定。紫微同度者,能自我陶醉,自得其乐。会四煞、空劫,烦恼不安定。

(注)破军守福德宫,入庙则善于决断,且凡事亲力亲为,故为人辛劳。若破军落陷,多成见,少决断,凡事劳心劳力而无成,由是时生改变之心,以致举棋不定。

见火铃同度,内心多焦虑;见羊陀同度,内心多追悔;见空劫同度,多空想而少实行之心。

(12) 相貌(父母)宫

主刑克离家或祀继。武曲或廉贞同度,均主刑伤。紫微同度,会吉曜,可免刑克。

(注) 破军于父母宫为恶曜。入庙会吉,虽父母无刑克,仍主少岁离家自立。若落陷见煞忌凑合,则刑克难免。

凡破军独坐于六亲的宫度,均主孤独。所以对推断有关上司的人际关系而言,尤须详破军之庙陷以及辅佐煞化之会合,然后推断其性质。

最嫌破军独坐会化忌,羊陀交并,则终身难得长上提携,且有为上司夺功之征兆。

流年破军独坐,辅弼"单星"同度,流煞飞入,主父母重病。亦主上司与自己结怨。

图书在版编目(CIP)数据

紫微斗数讲义：星曜性质/陆斌兆著；王亭之注释. —上海：
复旦大学出版社，2013.4(2025.2 重印)
(斗数玄空系列紫微斗数)
ISBN 978-7-309-09471-8

Ⅰ. 紫…　Ⅱ. ①陆…②王…　Ⅲ. 命书-研究-中国　Ⅳ. B992.3

中国版本图书馆 CIP 数据核字(2013)第 014133 号

紫微斗数讲义：星曜性质
陆斌兆　著　王亭之　注释
责任编辑/陈　军

复旦大学出版社有限公司出版发行
上海市国权路 579 号　邮编：200433
网址：fupnet@fudanpress.com　http://www.fudanpress.com
门市零售：86-21-65102580　团体订购：86-21-65104505
出版部电话：86-21-65642845
上海崇明裕安印刷厂

开本 890 毫米×1240 毫米　1/32　印张 8.625　字数 220 千字
2013 年 4 月第 1 版
2025 年 2 月第 1 版第 21 次印刷

ISBN 978-7-309-09471-8/B · 457
定价：38.00 元